CINEMA
Entre a realidade e o artifício
Diretores • Escolas • Tendências

CINEMA
Entre a realidade e o artifício
Diretores • Escolas • Tendências

Luiz Carlos Merten

© Luiz Carlos Merten

Editor
Paulo Bentancur

Projeto Gráfico
Marta Castilhos

Editoração
Camila Kieling

Reservados todos os direitos de publicação para
ARTES E OFÍCIOS EDITORA LTDA
Rua Almirante Barroso, 215 – Floresta
CEP 90220-021 – Porto Alegre – RS
☎(51) 3311-0832
arteseoficios@arteseoficios.com.br
ISBN 85-7421-098-6

M538c	Merten, Luiz Carlos, 1945 - Cinema : entre a realidade e o artifício /Luiz Carlos Merten. - Porto Alegre, RS : Artes e Ofícios, 2003. il.; 246 p. ; 14 X 21 cm. ISBN 85-7421-098-6 1. Cinema - História e crítica. I. Título

03-0738.	CDD 791.4309 CDU 791.43 (09)

CIP - Brasil. Catalogação na fonte
Sindicato Nacional dos Editores de Livros, RJ.

Sumário

O QUE É CINEMA? 7
AS ORIGENS – JANELA PARA O MUNDO 15
GRIFFITH – BOM-DIA, BABILÔNIA 23
EXPRESSIONISMO – UM GRITO CONTRA A BARBÁRIE 35
EISENSTEIN – A REVOLUÇÃO DE ODESSA 47
CHAPLIN – AS FACES DE CARLITOS 57
WELLES – O NÚMERO 1 69
NEO-REALISMO – O SOCIAL, ACIMA DE TUDO 81
JOHN FORD – O HOMERO DO WESTERN 93
DOUGLAS SIRK – LONGE DO PARAÍSO 105
HITCHCOCK – O ESCULTOR DO MEDO 115
ROBERT BRESSON – O SILÊNCIO É DE OURO 129
BILLY WILDER – QUANTO MAIS CRÍTICO, MELHOR 141
ROBERT ALDRICH – O ÚLTIMO BRAVO 151
NOUVELLE VAGUE – UMA QUESTÃO DE MORAL 161
GLAUBER ROCHA – O PROFETA DA FOME 175
MASAKI KOBAYASHI – GUERRA E HUMANIDADE 187
KIESLOWSKI – AS CORES DO INVISÍVEL 199
ABBAS – O GOSTO DA REALIDADE 209
BAZ LUHRMANN – O "ROCCO" DO VIDEOCLIPE 221
O FUTURO É DIGITAL 231

O QUE É CINEMA?

Arte realista para o crítico francês André Bazin, janela aberta para a realidade conforme o crítico gaúcho Hélio Nascimento, moldura para o diretor russo Serguei Mikhailovitch Eiseinstein, instrumento do humanismo para o baiano Walter da Silveira. O que é, afinal, o cinema? Qu'est-ce que le cinéma?, pergunta-se Bazin no título de sua obra monumental, constituída por quatro tomos de ensaios que ele escreveu no calor da hora, assistindo a filmes em festivais ou em circuitos normais de exibição. Bazin morreu há quase 50 anos (em 1958) sem deixar uma teoria acabada de cinema, mas seu nome continua sendo sinônimo do que de melhor se faz em matéria de crítica. Por mais que sua pergunta no fundo continue irresolvida, os textos que escreveu continuam decisivos para o entendimento de nossa relação com os filmes. Muitos críticos e historiadores, querendo responder à pergunta de Bazin, têm tentado colocar o cinema dentro de definições e fórmulas, mas a grandeza do cinema está na sua diversidade. Não há só um caminho para o cinema, ele encerra em si todos os caminhos.

Como arte centenária, a única com atestado de nascimento, dia, hora e local – 28 de dezembro, no Salão Indien, localizado no subsolo do Grand Café de Paris, no Boulevard des Capucines, 14, às 21 horas –, o cinema faz parte da nossa vida e ninguém mais discute sua importância. Para Hollywood, que domina os mercados mundiais, é diversão, fonte inesgotável de lucro e também uma forma de vender o emblema da águia americana, como a grande (a única) superpotência do limiar do século 21. Para os sonhadores, é uma ferramenta para o conhecimento pessoal e do outro. E é ainda mais do que isso. Numa carta ao irmão Theo, Vincent Van Gogh escreveu certa vez que queria pintar quadros para consolar, para estender a mão ao outro e mostrar-lhe que não estamos sozinhos no mundo, por mais hostil que ele possa ser. Van Gogh falava de quadros, mas se o cinema é uma moldura, como queria Eisenstein (antes dele, Rudolf Arnheim), por que filmes também não poderiam ser instrumentos de consolo?

Passaram-se menos de dez anos desde a primeira edição deste livro. Os editores queriam simplesmente publicar de novo o *zapping* de Lumière a Tarantino, mas se o fizessem o livro já nasceria morto. Sete, oito anos, apenas. Os irmãos Lumière continuam a ser o marco inaugural do cinematógrafo, mas Quentin Tarantino? Ele parecia algo novo e excitante em 1995, quando *Tempo de Violência (Pulp Fiction)* ganhou a Palma de Ouro em Cannes. O desenvolvimento posterior de sua carreira foi dos mais decepcionantes, dando razão aos que garantiam, já naquela época, que Tarantino não ia passar. O cinema mudou extraordinariamente nesta década prodigiosa, mudou, talvez, mais do que nos cem anos anteriores. Era um meio analógico, trabalhado manualmente por meio de máquinas simples (entre aspas), ficou cada vez mais sofisticado, a maquinaria evoluiu e hoje, cada vez mais, os críticos e ensaístas sustentam que o futuro do cinema é digital. Esqueça a videomania de Tarantino e seus amigos, esqueça os experimentos cada vez mais esterilizantes de Peter Greenaway na área da *high definition*. Prepare-se para o admirável mundo novo do cinema.

Em janeiro de 2003, quando este livro está sendo escrito, a Academia de Artes e Ciências Cinematográficas de Hollywood ainda não anunciou os finalistas ao seu prêmio Oscar. Mas certas sinalizações já foram feitas: os prêmios dos críticos de Nova York e de Los Angeles, os Globos de Ouro. Nenhum encarou o desafio que o cinema enfrentou em 2002, o maior de sua história. Qual foi a maior interpretação do ano? Foi a do Gollum em *O Senhor dos Anéis – As Duas Torres*, que Peter Jackson adaptou da saga erudita de J. R. R. Tolkien. O Gollum olha para a câmera, diretamente no olho do espectador. Ele não é um, mas dois personagens. Quando é Sméogol, o olhar indica tristeza, submissão, um olhar de cachorro, dócil e domesticado. Quando é o Gollum, os olhos faíscam de ambição e de ódio contra os que se apossaram do "precioso".

Cena do filme *O Senhor dos Anéis – As Duas Torres*, de Peter Jackson

É uma grande, magnífica interpretação. Mas Gollum-Sméogol não existe. É uma criação digital. O diretor Jackson usou o suporte do corpo de um ator para fazer o que, dentro das modernas tecnologias que têm feito avançar a linguagem, chama-se de *motion capture*. Sensores ligados ao corpo do ator permitem reproduzir seus movimentos no computador. Mas aquele olhar dilacerante não existe, a voz foi trabalhada. Estamos a anos-luz, numa galáxia distante da mulher-robô que Fritz Lang criou em *Metrópolis*, nos anos 1920. Trata-se de um dos filmes de ficção científica mais importantes do cinema. Influenciou decisivamente quase tudo o que foi feito no gênero, depois. A arquitetura futurista de *Blade Runner, o Caçador de Andróides*, obra cultuada de Ridley Scott, sai de *Metrópolis*.

E, então, o que é o cinema? Um instrumento do humanismo, uma ferramenta contra o neoliberalismo econômico que engendrou em seu ventre, como o ovo da serpente, a globalização? Sim, é tudo isso, mas é possível tirar uma centelha de esperança da globalização. No novo mundo globalizado, só a cultura regional e, dentro dela, o cinema, serão instrumentos de resistência contra uma dominação que se afigura poderosa como um rolo compressor. O cinema, ainda e sempre. Se mudar o suporte, se os filmes amanhã ou depois forem veiculados pela internet, se acabarem as salas, ainda será o cinema? É a mais difícil de todas as perguntas, porque ao longo do seu primeiro século de luzes o cinema nunca teve contestado o seu cerimonial. Muitos de nós são internautas, navegam neste mundo de computadores, perseguindo pixels, em busca das novas imagens do futuro. Mas ainda não nasceu a geração que vai prescindir do cerimonial do cinema.

Adultos ou crianças, ainda experimentamos emoção ao entrar na sala escura, ao nos sentarmos nas poltronas (nem sempre) confortáveis. Aí, com a atenção voltada para o foco luminoso da tela, envolvidos pelos sons e pelas imagens, mergulhamos naquele estado de projeção cognitiva e sonhamos acordados, de olhos abertos. Os filmes parecem tão realistas que você poderia jurar que aquilo é a vida. Em geral, não é a vida, mas uma representação dela. E você poderia dizer – nunca é a vida. Mesmo nos documentários, por princípio mais vinculados ao real. Quando a câmera é ligada, ela já intervém na realidade, e as pessoas deixam de ser elas para se tornarem representações de si mesmas. Será verdade? Documentaristas como o americano Albert Maysles, um dos papas da vertente chamada de "cinema direto", sustentam que é mentira. A câmera ligada não intervém necessariamente na realidade. Por experiência própria, ele garante que é possível filmar as pessoas sem que elas interpretem a si mesmas.

Questões complexas que temos, cada vez mais, de encarar. Conhecimentos sobre a história da arte e do cinema contribuem bastante no processo. Para avaliar a extensão das mudanças que Virginia Woolf, Marcel Proust e James Joyce introduziram no romance tradicional ou a revolução que Pablo Picasso fez nas artes plásticas de seu tempo, é necessário conhecer o que havia antes. Na verdade, o que todos eles fizeram foi contestar as convenções que aprisionavam os artistas na passagem do século 19 para o 20. O grande objetivo da arte no século anterior, muito já se escreveu sobre isso, foi usar a ficção como forma de retratar a realidade da maneira mais fiel possível. Algums autores ficaram famosos por criar personagens tão verdadeiros que até hoje somos tentados a reconhecer neles a vida como ela é. O realismo ia além desse cuidado com a verossimilhança na reprodução da realidade. Em nome do realismo, os enredos tinham de ter uma seqüência lógica, ser cronologicamente enfileirados. Um escritor hoje esquecido, Wilkie Collins, chegou a apresentar sua fórmula para um romance de sucesso: "Faça-os rir, faço-os chorar, faça-os esperar".

Era uma fórmula eficiente, porque muitos grandes romances (a maioria) surgiram naquela época como folhetins, publicados em capítulos que o público deveria aguardar com ansiedade, como se faz hoje com certas novelas de televisão. Honoré de Balzac e Charles Dickens são a prova de que esse método funciona. Criaram obras-primas literárias que permanecem vivas até hoje. Mas os artistas sentiram, cada vez mais, a necessidade de libertar-se das amarras das regras fixas e das convenções. Substituíram a narrativa linear pelos fluxos de consciência, convencidos de que o que se passa na cabeça de seus personagens é tão ou mais importante do que certas ações. Ou roupas que usem. Ou cenários que habitem. E, assim, artistas revolucionários abriram caminhos para o romance moderno, para a pintura moderna. O cinema surgiu no fim do século 19 ligado a essa tradição realista. A chegada do trem à estação La Ciotat, a saída dos operários das usinas Lumière apontam nessa direção. Foram necessários mais alguns anos e a entrada em cena de Georges Méliès para que o cinema viajasse à Lua e começasse a sonhar. Desde então, a dualidade real-fantasia criou duas grandes correntes que não cessam de dividir os críticos e historiadores. De um lado, realismo, naturalismo, interferência mínima do diretor (o que não é exatamente verdadeiro). De outro, fantasia, expressionismo e interferência formativa do artista. As duas correntes talvez não sejam necessariamente excludentes. Pode-se apreciar filmes de uma e outra tendência. As alegadas impurezas que ameaçam corromper o cinema têm origem muitas vezes num conceito ortodoxo (e discutível) do que seja esse purismo. O som, a cor, os filmes extraídos de fontes literárias e teatrais, tudo isso era considerado "impureza" que um crítico como Bazin avalizava, com sua simpatia e até tolerância pela utilização talentosa dos últimos avanços da ciência. Não tolerava, porém, os vírus contaminadores do cinema da montagem e do expressionismo, mas volta e meia admitia voltar atrás, nas próprias idéias, para assumir que havia gostado de um filme que não *enquadrava* em suas idéias.

Embora tenha uma data precisa para assinalar seu nascimento, o cinema não surgiu do nada, de repente. Houve muitos experimentadores antes dos irmãos Lumière, que realizaram a primeira sessão de cinema. Há críticos e historiadores que situam a origem do cinema na caverna de Platão, naquelas sombras projetadas nas paredes que eram a única coisa que as pessoas lá dentro conseguiam ver do mundo externo. E há outros que remontam às pirâmides do Egito para lembrar que o sonho do homem de eternizar sua imagem, de deixar vestígios de sua passagem pela Terra, sempre foi indelével. É curioso observar como os ciclos e movimentos se influenciam e fornecem os elementos para as grandes rupturas. No cinema não foi diferente. David Wark Griffith sistematizou o que havia antes dele numa obra grandiosa como *O Nascimento de Uma Nação (The Birth of Nation)*, de 1915. Orson Welles também recorreu a lições de outros diretores para criar o monumento chamado *Cidadão Kane (Citizen Kane)*, em 1941. E até Eisenstein valeu-se das teorias de Lev Kulechov e da arte japonesa para formular seu conceito da "montagem de atrações".

Cena do filme *O Nascimento de uma Nação*

Este livro se propõe como uma viagem no tempo e no espaço para entender os caminhos do cinema e o seu momento atual. Talvez daqui a dez anos outro livro tenha de ser escrito. Talvez outro o escreva. O importante é compartilharmos essa viagem, fazê-la juntos. Poderemos no fim, quem sabe, somar conhecimentos no rumo de uma compreensão mais profunda do cinema e da vida. Os filmes, dizia o crítico francês Serge Daney, modificam-se ao contato com o espectador, o que é uma forma de dizer que, no cinema, reformulando os códigos propostos pelo diretor, levando-os adiante, todos nós, críticos e espectadores, somos também autores. Co-autores, vá lá que seja. Quem sabe este livro não realize o mesmo movimento e se modifique segundo o olhar do leitor? Nada, nele, pretende ser definitivo. Talvez alguns conceitos o sejam. Mas vale lembrar o que escreveu Bazin nos anos 1950:

"Se as origens de uma arte deixam transparecer algo de sua essência, é válido considerar os cinemas mudo e falado como etapas de um desenvolvimento técnico que realiza pouco a pouco o mito original dos pesquisadores. Compreende-se que seja absurdo considerar o cinema mudo como uma espécie de perfeição primitiva, da qual o realismo do som e da cor se afastaria cada vez mais. A primazia da imagem é histórica e tecnicamente acidental. O saudosismo de alguns pelo mutismo da tela não remonta o bastante à infância da sétima arte. Os verdadeiros primitivos do cinema pensam na imitação integral da natureza. Logo, todos os aperfeiçoamentos acrescentados pelo cinema só podem, paradoxalmente, aproximá-los de suas origens. O cinema ainda não foi inventado!"

AS ORIGENS – JANELA PARA O MUNDO

Embora seja uma arte recente, a única com atestado de nascimento, incluindo dia, hora e local, o cinema já possuía uma história anterior ao célebre 28 de dezembro de 1895, quando os irmãos Lumière fizeram, no subsolo do Grand Café, em Paris, a primeira sessão pública do invento que chamaram de "cinematógrafo". Sua origem mais remota é a caverna de Platão, citada por Bernardo Bertolucci em *O Conformista (Il Conformista)*, de 1970, e pelo escritor português José Saramago no documentário *Janela da Alma*, de Luiz Jardim e Walter Carvalho, de 2001, passa por inventos como a lanterna chinesa e a câmera obscura, muito usada na Itália na época do Renascimento. E não parou de evoluir, de forma conceitual e prática, atravessando todo o século 19 na forma de pesquisa e aprimoramento das técnicas de reprodução mecânica da realidade, da fotografia ao fonógrafo.

Para entender essa evolução é preciso referir-se ao mito fundador dessas técnicas de reprodução, que o crítico André Bazin define da seguinte maneira: o que todas elas, da fotografia ao fonógrafo, perseguem é o realismo integral. E ele explica o que é isso: "Recriação do mundo à sua imagem, uma imagem sobre a qual não pesaria a hipoteca da liberdade de interpretação do artista nem a irreversibilidade do tempo". A vida como ela é, portanto, mas, na verdade, não é bem assim, e as modernas teorias dos autores deixam claro que o que vemos na tela é menos o mundo que a visão do mundo pelos artistas. No final do século 19, porém, a idéia, um tanto idealizada, é que a fotografia, o fonógrafo e o cinematógrafo permitiriam esse realismo integral. Ele não está na caverna de Platão, pois as sombras que o prisioneiro vê projetadas na parede configuram muito mais uma base para o expressionismo. Também não está na lanterna chinesa, com seu mecanismo simples, até hoje reproduzido em brinquedos para crianças e que consiste em criar a sensação de movimento projetando imagens fixas contra um foco de luz.

Poderia estar na câmera obscura, cujo funcionamento Hélio Nascimento explica em seu livro *Cinema Brasileiro*, da Editora Movimento, 1981. Em dias de sol muito forte, pessoas sentadas num compartimento escuro viam, projetadas à sua frente, imagens que vinham do exterior, por meio de um pequeno orifício na parede. Essas imagens não eram vistas ao natural, mas passavam por um complicado jogo de espelhos até se oferecer aos olhos dos espectadores. Por mais que houvesse aí uma interferência mecânica, o processo não adulterava a realidade, mas colocava o foco num pedaço dela, que era tudo o que o espectador conseguia ver. Nascimento vê na câmera obscura uma precursora do tipo de cinema que lhe interessa, aquele que se abre para a realidade como uma janela. O cinema como janela para o mundo é uma idéia muito forte. Encontra-se na origem das teorias de Bazin, tão preocupado com o realismo integral, mesmo que ele estabeleça seu conceito de cinema com base na fotografia e não na câmera obscura.

Essa janela para o real consolida-se desde o princípio, com os primeiros filmes dos irmãos Lumière, que registram a chegada de um trem à estação de La Ciotat ou a saída dos operários justamente das usinas Lumière, em Lyon. Mais tarde, quando o mágico Georges Méliès se apropria da invenção e cria pequensos filmes como a sua *Viagem à Lua*, de 1902, a janela para ser aberta para a fantasia, e essa é a base do conceito hoje hegemônico de Hollywood, com suas trucagens e vôos de imaginação. Criaram-se, assim, desde a base do cinema, duas vertentes: a realista dos Lumière e a fantástica de Méliès. Jean-Luc Godard discute as duas vertentes num de seus filmes mais interessantes do começo dos anos 1960: *Les Carabiniers*, que passou no Brasil como *Tempo de Guerra*. Ele encena a guerra em terrenos baldios da periferia de Paris e usa fotos em vez da parafernália de efeitos de Steven Spielberg em *O Resgate do Soldado Ryan (Saving Private Ryan)*, de 1998.

Para ilustrar a tese do cinema como "janela", podem-se citar, entre outros filmes, dois clássicos de George Stevens e Alfred Hitchcock. Em *Os Brutos também Amam*, Marian (Jean Arthur) vê boa parte das relações de seu marido e do filho (Van Heflin e Brandon De Wilde) se estabelecerem com o mitológico Shane (Alan Ladd) a partir da janela da cabana em que mora a família. Mais radical, Hitchcock transforma sua janela indiscreta em metáfora do próprio cinema. Apenas um ano separa a realização dos dois filmes: *Os Brutos também Amam*

Janela Indiscreta, de Alfred Hitchcock

(Shane) é de 1953, *Janela Indiscreta (Rear Window)*, de 1954, mas não há qualquer indício de que Stevens tenha influenciado Hitchcock. No filme do segundo, James Stewart é Jeff, um fotógrafo imobilizado por um acidente e que só tem como diversão a janela à sua frente, pela qual bisbilhota, com sua teleobjetiva, a vida dos vizinhos. Ele termina descobrindo um crime, mas precisa de evidências e quem vai em seu lugar é a namorada.

Jeff coloca-se, assim, na posição do diretor, mas o detalhe fundamental é que o crime só é descoberto por meio da câmera do fotógrafo. Sem ela, o crime não existiria. Nos anos 1960, Michelangelo Antonioni iria um passo à frente de Hitchcock em *Blow Up*, que ganhou o título brasileiro de *Depois daquele Beijo*. Antonioni baseou-se num conto de Julio Cortázar, *Las Babas del Diablo*. Um fotógrafo (David Hemmings) tira fotos num parque e ao ampliá-las, em casa, descobre que um crime foi cometido sob os seus olhos. Ele volta ao local, encontra o cadáver, que depois desaparece. Sem o corpo do morto, não existe o crime. O filme termina com a metáfora do tênis sem bola, que muitos críticos consideram artificial, mas é perfeita para sintetizar o que o diretor quer dizer.

Foi um longo caminho até chegar a esses filmes e um caminho maior ainda trilhado a partir das transformações que ocorreram nos anos 1960 e que não pararam mais de mudar a face do cinema. No limiar do século 21, decorridos pouco mais de cem anos desde a primeira sessão do cinematógrafo, os críticos estão preocupados com outro tipo de coisa. A utilização de tecnologia digital, a possibilidade não apenas de captação de imagens em digital, mas também de projeção nesse sistema, até que ponto isso vai mudar o conceito de cinema? Se mudar o suporte, continuará sendo cinema? E se o filme amanhã ou depois for veiculado via internet, será cinema? São questões pertinentes e que parecem situar-se a anos-luz das preocupações das 33 pessoas que pagaram um franco, cada uma, para assistir à primeira sessão de cinema, no Grand Café.

Na época, elas queriam apenas conhecer a novidade, e nem os irmãos Lumière acreditavam no futuro de seu invento. Achavam que ele não teria utilidade prática. Aquela foi a primeira sessão pública, com espectadores pagantes, mas já era a quinta desde que os Lumière tinham criado o cinematógrafo. As exibições anteriores foram realizadas para o mundo científico, em reuniões privadas. O primeiro aparelho dos irmãos surgiu em 1894, já dotado da dupla capacidade de filmar e projetar as imagens. Auguste e Louis Lumière não criaram o cinematógrafo do nada. Antes deles houve o engenheiro francês Léon Bouly, que requereu, em 12 de fevereiro de 1892, a patente do nome cinematógrafo. O nome vem do grego e significa "registro do movimento". Bouly criou o primeiro aparelho fotográfico instantâneo para a obtenção automática e sem interrupção de uma série de clichês analíticos do movimento. Em 27 de dezembro de 1893, ele tirou a patente de outro aparelho, também chamado cinematógrafo, que realizava a análise e a síntese do movimento. Foi nesse segundo aparelho que os irmãos Lumière se basearam para fazer o deles.

Bouly, portanto, foi anterior aos Lumières, mas a controvérsia sobre quem, afinal de contas, inventou o cinema não é bem entre esses franceses. Antes, ainda, de Bouly, houve um certo Louis Aimé Auguste Leprince, que em 16 de setembro de 1890 subiu em Dijon no expresso de Paris e desapareceu sem deixar vestígio. Esse homem misterioso havia criado, dois anos antes, uma câmera de 16 objetivas atrás das quais duas películas corriam de forma intermitente. Em 1889, Leprince experimentou uma câmera munida de uma só objetiva, um projetor acionado por cruz-de-malta e uma película de celulóide perfurado para fazer algumas tomadas. Todos os ingredientes básicos do cinema já estão aí concentrados na mão do inventor, assinala Emmanuelle Toulet em seu livro *O Cinema, Invenção do Século*, editado no País pela Objetiva. Não é tudo: assim como estão prontos a jurar que foram os irmãos Wright, e não Santos Dumont, os criadores do mais pesado que o ar, os americanos também sustentam que a invenção do cinema está mais ligada às experiências de Eadweard Muybridge e Thomas Alva Edison.

Em 1888, Muybridge realizava turnês pelos Estados Unidos para mostrar o Zoopraxiscope, que criara para registrar a locomoção humana e animal. Numa parada em Orange, New Jersey, ele encontrou o jovem Edison, que já havia requerido uma centena de patentes e fizera-se conhecer pela invenção do telégrafo, da lâmpada incandescente e do fonógrafo. Edison queria fabricar um aparelho que seria para o olho o que o fonógrafo era para o ouvido. E foi a partir de seu encontro com Muybridge que concebeu o princípio do fonógrafo ótico, confiando a um de seus colaboradores, o inglês William Kennedy Laurie Dickson, a tarefa de pesquisar dois aparelhos. Um serviria para o registro das imagens (o Kinetograph), o outro para a sua reprodução (o Kinetoscope). Indo a Paris para a Exposição Universal de 1899, Edison encontrou o fisiologista Étienne-Jules Marey, que havia se interessado pela fotografia para fazer avançar seus estudos sobre o movimento dos animais. Influenciado pelas informações de Marey, Edison renunciou ao cilindro para fixar as imagens fotográficas e o substituiu por uma película perfurada de cada lado.

Os furos permitiam o avanço regular por meio de uma roda dentada.

Todos esses avanços já vinham sendo consolidados, mas faltava a contribuição dos irmãos Lumière, que garante a ambos, apesar dos protestos dos americanos, o certificado de inventores do cinema. Auguste, o mais velho, era químico, Louis, físico. Ambos brilhantes, fizeram seus estudos práticos e científicos na Escola La Martinère. Em 1871, com apenas 17 anos, Louis criou uma placa seca com emulsão de brometo de grande sensibilidade, que rendeu uma fortuna à família e levou ao desenvolvimento das usinas Lumière, na verdade, a Sociedade Antoine Lumière e filhos, em Lyon. Os irmãos nunca deixaram de se interessar pelos problemas da imagem animada. Pesquisaram os Kinetoscopes de Edison, adotaram o princípio da película perfurada do aparelho americano, mas faltava resolver o problema fundamental do avanço do filme.

Uma noite, em fins de 1894, Louis estava doente e, preso ao leito, sem conseguir dormir, teve a sacada que levou, definitivamente, à invenção do cinematógrafo. Simplesmente ele adaptou o mecanismo conhecido como "pé-de-cabra", que acionava as máquinas de costura, às condições das tomadas. Com base nessa idéia, o mecânico-chefe das usinas Lumière, Charles Moisson, constrói o protótipo do aparelho que será usado na noite de 28 de dezembro de 1895. Leve, pouco volumoso, ele funciona a 16 quadros por segundo – freqüência que será mantida até a chegada do cinema falado, no fim dos anos 1920 – e utiliza o filme criado por Edison, com a diferença fundamental de que a película do Kinetoscope possui quatro perfurações laterais retangulares por imagem, e a dos irmãos Lumière, apenas um furo redondo de cada lado do fotograma. O cinematógrafo está pronto, mas para Auguste e Louis Lumière o interesse é puramente científico. Só com Méliès surge alguém capacitado a perceber o potencial artístico e comercial da invenção. Quando começa a sonhar com Méliès, o cinema desenvolve características cujo impacto persiste até hoje. E passa a afastar-se do mito fundador do cinematógrafo, aquele que Bazin chamava de "realismo integral".

Mas talvez seja equívoco estabelecer um abismo profundo demais entre os primeiros filmes dos irmãos Lumière e os de Georges Méliès. O realismo incipiente dos primeiros não impede que se possa ver aqueles filminhos primitivos como a matriz dos gêneros cinematográficos. A chegada do trem à estação, por exemplo, produziu um efeito tão forte nos espectadores da época que muitos deles chegaram a saltar das cadeiras, com medo de serem atropelados pela locomotiva em movimento. Há historiadores que consideram, por isso, *A Chegada do Trem à Estação* o primeiro filme de terror. Como tal, também procuraria mexer com as emoções do público. E, embora filmassem quase sempre com a câmera à distância, os irmãos Lumière também utilizaram o primeiro plano (*Le Dejeuner du Bébé/O Almoço do Bebê*) e até criaram a primeira comédia (*L'Arroseur Arrosé/O Regador Regado*). A fama de haver introduzido a magia no cinema pertence, porém, a Georges Méliès, que foi sempre, até por sua vinculação com o teatro, um defensor da imaginação, contra o realismo dos Lumières. São nomes fundamentais, mas representam a pré-história do cinema. A história começa quando David W. Griffith lançou *O Nascimento de Uma Nação*.

Irmãos Lumière

GRIFFITH – BOM-DIA, BABILÔNIA

Cena do filme *Intolerância*, de Griffith

Convidado para assistir à pré-estréia de *Cidadão Kane (Citizen Kane)*, de 1941, David Wark Griffith teria feito o seguinte comentário à saída da primeira exibição pública do clássico de Orson Welles: "Ah, decididamente esses alemães me copiaram tudo!" Críticos e historiadores, quando comentam essa história, fazem juízos equivocados. Em geral, utilizam-na para censurar ou ridicularizar o diretor, sem perceber a sua perspicácia. Griffith, mais do que qualquer outra pessoa, foi o primeiro a fazer a ponte entre Welles e o expressionismo alemão, que prossegue por toda a carreira do grande ator e diretor, até atingir o "caligarismo" de *O*

Processo, a adaptação wellesiana da obra famosa de Franz Kafka. E, quanto ao quesito "me copiaram tudo", Griffith estava apenas passando uma fatura e cobrando o que lhe era de direito.

Muitos historiadores discutem se ele realmente criou tudo o que lhe foi atribuído ou se se beneficiou de criações alheias para desenvolver o próprio mito. Pode ser que algumas coisas, muitas até, já andassem dispersas pelos filmes de um e dois rolos que surgiam às centenas naqueles primeiros anos em que o cinema ainda engatinhava. O mérito de Griffith, como o de Welles, mais tarde, foi sistematizar e integrar à produção hollywoodiana todas essas novidades que andavam esparsas. É assim que o currículo de Griffith exibe contribuições espantosas. Há até quem sustente que a história do cinema começa com ele. Para o crítico inglês Seymour Stern, *O Nascimento de Uma Nação (The Birth of a Nation)*, de 1915, foi o filme pelo qual o cinema se revelou aos olhos do mundo e mostrou, pela primeira vez, que era uma forma de arte. Você não precisa compartilhar desse entusiasmo para reconhecer no clássico de Griffith um marco da história do cinema. Ele nasceu em La Grange, no Kentucky, em 1875, e morreu em Hollywood, em 1948. Realizou obra notável, nada menos de 450 filmes. Foram 450 verdadeiras lições de linguagem, nas quais desenvolveu técnicas narrativas que ainda hoje são empregadas no cinema e na televisão.

Mais até do que com Méliès, é com Griffith que o cinema vira espetáculo. Entre a primeira sessão do cinematógrafo, em 1895, e a estréia de *O Nascimento de Uma Nação* passaram-se

O Nascimento de Uma Nação, de Griffith

20 anos. Nessas duas décadas, a linguagem do cinema não cessou de evoluir. No princípio, cinegrafistas corriam o mundo em busca de imagens exóticas para saciar a curiosidade do público que pagava para assistir às primeiras sessões do cinematógrafo. Muita coisa dessa evolução ocorreu por acaso. No início, a câmera era fixa, e as pessoas e os objetos se mexiam diante dela. Mas, aí, um cinegrafista cujo nome ficou gravado para a posteridade – A. Promio – foi a Veneza e fez uma tomada com a câmera instalada dentro da gôndola que percorria os canais da cidade. Descobriu que o inverso também era verdadeiro: a câmera podia se mexer sem deixar de captar objetivos fixos ou em movimento. Nasceu, assim, o *travelling*.

Foi um avanço e tanto, mas nada comparável ao que Edwin S. Potter promoveu com seu *western The Great Train Robbery*, de 1903. O assalto ao trem não seria tão memorável se Potter, num golpe de audácia, não fizesse com que um dos bandidos, no desfecho, apontasse a arma para a câmera. É o primeiro enigma da história do cinema. Sem motivo aparente, o cara saca da pistola e dispara. Por quê? Potter queria um efeito forte para encerrar o filme. Não imaginou que aquele primeiro plano fosse provocar tanta comoção. Naquela época, os pioneiros podiam ousar, impunemente. Nos anos 1920, quando foi criado, em Hollywood, o Código Hays para disciplinar o uso do sexo e da violência na ainda incipiente indústria cinematográfica americana, efeitos desse tipo passaram a ser proibidos. Passaram-se 50 anos antes que Sam Peckinpah desafiasse o código, fazendo com que o protagonista de *Tragam-me a Cabeça de Alfredo García* apontasse o revólver para o espectador.

Por conta de seu impacto, a primeira sacada de marketing do cinema, aquele fragmento do filme de Potter proporcionou uma lição a Griffith. Nos primeiros anos do século

20, surgiram nos Estados Unidos os "nickelodeons", os primeiros cinemas fixos, nos quais, por cinco cents, uma moeda de níquel, os espectadores podiam assistir a programações formadas por filmes de curta duração, que eram trocados quase que diariamente. Eram filmes de uma, no máximo duas bobinas, variando de 150 a 250 metros cada. E a câmera não se aproximava dos atores, ficando a uma respeitosa distância, o que fazia com que o espectador assistisse a uma espécie de teatro filmado. Griffith, no começo de sua carreira, foi ator em alguns filmes de Potter, mas não em *The Great Train Robbery*. Absorveu a lição de seu mentor e percebeu que a diferença de planos, a câmera ora próxima, ora distante dos atores, podia conferir intensidade dramática ao relato.

Pois seu objetivo, na época, já era narrativo. Griffith queria contar histórias. Para atingir seu objetivo percebeu que precisava dominar a linguagem e até propor coisas novas aos espectadores. Criou o *flashback* em *The Adventures of Dolly*, introduziu o plano americano em *For Love of Gold*, enquadrando os atores na altura do joelho, desenvolveu o princípio da montagem paralela em *The Lonely Villa*, segundo filme interpretado pela lendária Mary Pickford – cenas da garota em perigo alternam-se com as da chegada de seu salvador –, e em *Backed at the Altar* deu a primeira chance a um cômico que seria o primeiro rei do riso, na tela: Mack Sennett. Quando iniciou a rodagem de *O Nascimento de Uma Nação*, em maio de 1914, já era um veterano. Tinha feito 44 filmes curtos em 1908, 144 em 1909, alguns de uma metragem superior. Com *O Nascimento de Uma Nação*, ele criou o que não deixa de ser uma metáfora do nascimento do próprio cinema. Consolidou a revolução que já vinha desenvolvendo e estabeleceu um padrão de narrativa.

Foram 1.500 planos, numa duração total de 165 minutos, uma loucura para a época. Algumas cenas, como a da batalha de Atlanta, exigiram milhares de figurantes. A filmagem demorou dois meses, e o orçamento ultrapassou a marca de US$ 110 mil. Diante da hesitação de empresas como a Mutual e a Reliance, que achavam o filme muito caro e temiam perder dinheiro, Griffith conseguiu um investidor que pôs dinheiro do próprio bolso na produção, US$ 25 mil. H. E. Aitken chegou a criar a Epoch Productions Corporation, mas há suspeita de que o orçamento sofreu sucessivos estouros e teve de ser integralizado pela Ku Klux Klan, que tinha um interesse todo especial na divulgação das idéias contidas no filme.

Griffith era filho de um coronel sulista que lutou na Guerra da Secessão. Desde menino, criou-se ouvindo histórias sobre o Grande Sul e sobre a derrota que os Exércitos da União impuseram a um estilo aristocrático de vida, retratado, de forma muito romanesca, no clássico ...*E o Vento Levou (Gone with the Wind)*, de 1939, oficialmente assinado por Victor Fleming, mas que é muito mais um filme de produtor (David Selznick) que de diretor. Embora o crédito da obra vá para o diretor Victor Fleming, ele foi apenas um dos realizadores comandados pelo produtor David Selznick, durante todo o tempo em que esse se dedicou a levar para a tela o romance de Margaret Mitchell. Griffith ouvia como sua mãe costurava fardas para os soldados e como seu pai voltou derrotado para casa, encontrando o Sul semidestruído. Ouvia também histórias sobre os negros emancipados que se tornaram *carpetbaggers*, servindo de testa-de-ferro para as negociatas dos empresários do Norte, que se aproveitaram da bancarrota do Sul para consolidar sua hegemonia. E ouviu, finalmente, histórias sobre o terrorismo dos negros, de como eles se voltaram contra seus antigos senhores.

Terminou fundindo todas essas histórias em *O Nascimento de Uma Nação*, que possui um prólogo e um epílogo que projetam imagens idílicas da vida no Sul, antes e depois da Guerra Civil. O filme conta a história de duas famílias que se colocam em campos opostos do conflito, os Camerons e os Stonemans. Os que aderem ao Norte percebem seu erro por meio de cenas como a da garota branca que, acuada pelo ex-escravo que quer violentá-la, prefere se jogar no abismo. Toda a arquitetura dramática do filme converge para a cavalgada dos encapuçados da Ku Klux Klan, que são transformados em heróis pelo diretor. Como num épico, eles chegam para salvar as famílias brancas ameaçadas por hordas de negros selvagens e destruidores. Griffith realmente esperava que o público torcesse para seus heróis wasps (branco, anglo-saxões e protestantes). Estava tão impregnado da ideologia sulista que não se dava conta de quão odiosa ela era. *O Nascimento de Uma Nação* ainda não tinha esse título quando estreou em Los Angeles, em 8 de fevereiro de 1915, permanecendo oito meses ininterruptos em cartaz. Chamava-se *The Clansmen*, os homens da Klan, como o livro do reverendo Thomas Dixon em que o cineasta se baseou. Menos de um mês mais tarde, em 3 de março de 1915, ao estrear em Nova York, foi rebatizado com o título pelo qual se tornou conhecido e foi aclamado como o maior espetáculo do cinema. O sucesso foi grande, mas surgiram vozes que protestaram contra a simplificação ideológica e o racismo do diretor.

Ele ficou sinceramente perplexo. Publicou um manifesto intitulado *Rise and Fall of Free Speech in America* e, de boa-fé, disse que não era racista. Era, claro, mas talvez seja interessante contextualizar o fenômeno Griffith em sua época, para perceber melhor as contradições do diretor. No começo do século 20, o Sul podia ainda estar preso a uma estrutura agrária e ter nostalgia pela velha sociedade escravocrata do século anterior, mas foi de lá, e não do Norte industrializado, que surgiram presidentes com propostas democráticas, como

Wilson e Franklin Delano Roosevelt. Para provar sua sinceridade, Griffith investiu toda a fortuna que ganhou (e mais o dinheiro que tomou emprestado) na realização de outro épico, mais monumental ainda. Surgiu, a um preço recorde de US$ 2 milhões, *Intolerância*, que fracassou na bilheteria e ainda dividiu os críticos. Muitos reconheceram a grandiosidade do projeto, o seu interesse técnico e histórico, mas para a maioria, até hoje, *Intolerância* não passa de um confuso requisitório contra a opressão do homem pelo próprio homem, ao longo da história. Intolerância envelheceu mal, mais até do que *O Nascimento de Uma Nação*. Nesse último, pode-se ter, ainda hoje, a descoberta de certos elementos dramáticos e estéticos que confirmam o quanto o diretor estava à frente de sua época.

Não é a menor das curiosidades de *O Nascimento de Uma Nação* o fato de o filme apresentar uma ficha técnica da qual participam futuros diretores dos mais importantes de Hollywood. Erich Von Stroheim e W. S. Van Dyke foram assistentes de direção de Griffith, e Raoul Walsh foi ator em *O Nascimento de Uma Nação*, representando justamente o papel do assassino do presidente Abraham Lincoln. Todos aprenderam com Lincoln, e o filme ainda apresenta a primeira panorâmica da história do cinema, quando a câmera parte de uma mulher no alto de um rochedo para descortinar, na planície, o avanço do Exército inimigo que se aproxima. Cenas como as que se desenrolam no Senado americano e o assassinato de Lincoln no teatro também se constróem por meio de uma utilização da profundidade de campo que permitem entender por que Griffith dizia que Welles chupou tudo dele em *Cidadão Kane*. E até a cena em que a mulher, no quarto, crispa os dedos no ferro da cama e surge um fragmento de memória é histórica: antecipa as pesquisas de tempo e espaço que Alain Resnais desenvolveu nos anos 1950 e 60, em clássicos como *Hiroshima, Meu Amor (Hiroshima, Mon Amour)* e *O Ano Passado em Marienbad (L'Année Dernière à Marienbad)*. As perseguições de *O Nascimento de Uma Nação* também forneceram o modelo para incontáveis *westerns* e até hoje são o modelo para o que Hollywood faz no cinema de ação, com a ressalva de que se tornaram mais sofisticadas, e o desenvolvimento da técnica permite maior virtuosidade cênica.

Até chegar ao verdadeiro marco que é esse filme, Griffith exercitou-se muito. Alternou suas adaptações de Maupassant, Dickens e Tolstói com *westerns* como *In the Old Kentucky* e, em *The Battle*, antecipou o que seriam as fortíssimas cenas da batalha de Atlanta. Comparativamente, *Intolerância* talvez tenha menos atrativos para o espectador do terceiro milênio. O que ainda impressiona, mas num sentido diferente, é o magnífico episódio da Babilônia, com todos aqueles elefantes. Inspiraram, nos anos 1980, um filme da dupla de diretores italianos Paolo e Vittorio Taviani. Em *Bom-dia, Babilônia*, eles contam a história de dois irmãos de Florença que emigram para os Estados Unidos, para fazer a América. Pertencentes a um clã de artífices, acostumados a trabalhar a madeira, eles atravessam o Atlântico movidos por um sonho: integrar a equipe que vai realizar um épico sob a direção de um certo Mister Griffith. São aceitos e esculpem os elefantes que guardam os templos e palácios no episódio de *Intolerância* que se passa na Babilônia. Um dos irmãos morre na guerra, o outro, possuído pela paixão do cinema, também tomba no campo de batalha, vendo a carnificina pelo olho da câmera.

Em seu filme, os Tavianis celebram o fim de uma era. Seus irmãos escultores estão ligados a uma tradição secular européia. Fazem lembrar os artistas anônimos que esculpiram as catedrais góticas. São substituídos por uma nova concepção de artistas populares, representada por Griffith. O cinema introduz outra estética, outra concepção. Os meios de comunicação passam a funcionar dentro da era de sua reprodutividade, teorizada pelo filósofo da escola de Frankfurt, Walter Benjamin. Por mais bela e comovida que seja a homenagem que os irmãos Taviani prestam ao cinema dos pioneiros como Griffith, ela traz consigo uma tristeza que não é muito diferente daquela que o espectador tem hoje assistindo a *O Nascimento de Uma Nação* e, principalmente, *Intolerância*. Pode-se reconhecer a importância do primeiro e, ainda assim, rejeitar sua concepção. Pode-se admirar o que o segundo tem de forte e espetacular e também chegar à conclusão de que é uma peça de museu.

É um dos problemas do cinema. O tempo tudo consome, com implacável voracidade. Poupa as obras-primas da literatura e da música, mas é inclemente com o cinema. A técnica está sempre evoluindo e, até por isso, não são todos os filmes que resistem à batalha do tempo. As técnicas de montagem de Griffith podem ter aberto novas perspectivas estéticas e culturais, fizeram evoluir a linguagem e transformaram o cinematógrafo dos irmãos Lumière em cinema. Mas seus processos de simultaneidade e descontinuidade, a maneira de propor, pela alternância da montagem, as várias fases da humanidade, tudo isso ficou banalizado. Podemos tentar avaliar o impacto dos filmes de Griffith sobre os espectadores de seu tempo, mas não conseguimos deixar de vê-los com olhos de hoje.

Pelos padrões dos anos 2000, *O Nascimento de Uma Nação* é ideologicamente repulsivo, um monumento ao politicamente incorreto. Nem isso derruba Griffith do lugar que ocupa no panteão dos grandes pioneiros. O cinema não seria a mesma coisa ou sua evolução teria sido, quem sabe, mais tortuosa sem a contribuição desse diretor que pensou o cinema como arte e indústria e chegou à conclusão de que ele necessita de um suporte industrial. Filmes são caros. Exigem dinheiro para ser feitos e, depois, um circuito de distribuição e exibição para chegar às telas. Pensando assim, Griffith associou-se, em 1919, a Charles Chaplin, Mary Pickford e Douglas Fairbanks para fundar a United Artists. A empresa foi precursora em Hollywood, ao introduzir na produção as idéias e ambições de artistas independentes. E ele nunca deixou de inovar. Em 1920, com *Way Down East*, tentou criar o filme colorido, utilizando uma técnica primitiva que consiste em pintar a mão, fotograma por fotograma, um filme em preto-e-branco. Dez anos mais tarde, sua biografia de Abraham Lincoln pensa o herói como homem e como mito, realizando a passagem da realidade para a História quando Lincoln ocupa seu lugar como estátua de pedra no Capitólio, em Washington. Essa mesma idéia é retomada por Peter Jackson em *O Senhor dos Anéis – As Duas Torres*, de 2002, na cena em que chefe dos elfos explica à filha, Arwen (Liv Tyler), qual será o futuro dela ao lado de Passolargo (Viggo Mortensen).

Sempre atraído pela grandiosidade, Griffith possuía, também, o segredo do intimismo. O terceiro filme pelo qual ele é reverenciado chama-se *Broken Blossoms, Lírio Partido*. Conta a infeliz história de amor de uma garota pobre (Lillian Gish) que se apaixona por um chinês, narrada num estilo verista que inclui a descrição da vida num quarteirão miserável de cidade grande. Os críticos costumam dizer que Griffith criou, com a cumplicidade de Lillian Gish, o estilo autenticamente cinematográfico de interpretação. Nos filmes muito antigos, os atores quase sempre adotam gestos teatrais. Isso não poupa clássicos expressionistas, como *O Gabinete do Doutor Caligari (Das Kabinett des Dr. Caligari)*, de Robert Wiene, de 1919, nem um monumento como *O Encouraçado Potemkin (Bronenosets Potymkin)*, de Serguei M. Eisenstein, de 1925 (os olhos esbugalhados e a boca escancarada das mulheres que pressentem a tragédia na escadaria de Odessa). Lillian, pelo contrário, é minimalista, muito antes que a palavra tivesse sido inventada. É doce, melancólica, triste. Seus gestos são contidos. Em boa parte, isso se deve à técnica de Griffith que, naquele filme, aperfeiçoou, se não inventou, o *close-up*, libertando a atriz da necessidade de ser enfática para chamar a atenção. Os primeiríssimos planos do rosto luminoso de Lillian Gish fazem parte da história do cinema.

Expressionismo – um grito contra a barbárie

Nosferatu, de Murnau

E se Friedrich Wilhelm Murnau tiver sido a maior figura, não só do expressionismo, mas de todo o cinema alemão? É o que se pode deduzir da homenagem que o Festival de Berlim de 2003 prestou ao grande diretor. Houve uma retrospectiva completa de sua obra. No contexto de um grande festival de cinema é difícil, senão impossível, assistir a certas manifestações paralelas, por mais importantes que sejam. Bastou ver, em cópias novas, restauradas, alguns dos clássicos de Murnau para que ficasse transparente a sua genialidade. *Nosferatu, Fausto, Aurora* (sua obra-prima no cinema americano). Todos filmes imensos,

A Última Gargalhada, de Murnau

raros, mas o maior Murnau é o de *A Última Gargalhada*, também chamado de *O Último Homem (Der Letze Mann)*. É o que mostra que a despeito do seu flerte com o expressionismo, fazendo filmes às vezes mórbidos para colocar na tela o romantismo da alma alemã, Murnau foi o mais realista dos expressionistas. Foi um realista, *tout court*.

Ele nasceu na Westphalia, em 1889, numa família aristocrática decadente que ainda teve condições de lhe proporcionar a educação em Heidelberg e Berlim. Interessando-se pelo teatro, foi assistente de Max Reinhardt. A experiência foi decisiva: com Reinhardt, Murnau adquiriu a bagagem cultural necessária para ser um encenador excepcional, mas preferiu o cinema, em vez do teatro. Essa preferência pelo filme, um fenômeno ainda recente naquela época, ocorreu durante a I Guerra Mundial, quando foi assistente na divisão que produzia obras de propaganda do exército alemão. Quando a guerra acabou, Murnau tinha definido sua profissão: queria ser cineasta.

Seus primeiros filmes seguiam a tendência expressionista dominante no cinema alemão, por volta de 1920. Com *Nosferatu (Nosferatu, eine Symphonie des Grauens)*, dois anos mais tarde, ele rompeu com o caligarismo – veremos o que é isso, em seguida –, substituindo os cenários estilizados (e deformados) do filme famoso de Robert Wiene pela filmagem em ambientes naturais. Para muitos críticos, *Nosferatu* é o mais belo filme de todo o cinema mudo. Contém muita coisa impressionante, a começar pelo castelo assombrado do vampiro, mas nada impressiona tanto quanto o cortejo de ratos que precede, no porto, o desembarque do príncipe das sombras que Murnau criou baseado no romance de Bram Stocker. Como não tinha os direitos de adaptação de *Drácula*, chamou-o de *Nosferatu*. Aqueles ratos dão ao filme seu caráter premonitório. Antecipam o que seria a Alemanha de Adolf Hitler. Dois anos depois, novo impacto, nova (r)evolução. Murnau conta a história de um velho porteiro de hotel que perde sua importância na firma e fica encarregado de limpar os banheiros. Torna-se o último dos homens, mas permanece obcecado pelo uniforme, que lhe confere dignidade (pelo menos é o que pensa). A perda do uniforme implicará a sua ruína moral e física definitiva. Com roteiro de Carl Mayer e fotografia de Karl Freund, *A Última Gargalhada* oferece a Emil Jannings um desses papéis raros, que o ator tornou tão inesquecível quanto seria, seis anos mais tarde, o professor que se degrada por amor em *O Anjo Azul (Der Blaue Engel)*, de Josef Von Sternberg. Com esse filme, Murnau impôs, em definitivo, a corrente realista do expressionismo, chamada "kammerspiel" em oposição às deformações plásticas do caligarismo.

Existe a forma de *A Última Gargalhada*, mas existe também o fundo: o que o filme quer dizer, a serviço de que está a estética rigorosa de Murnau? É um filme sombrio que ataca, simultaneamente, a vaidade individual e a hipocrisia social. Ficou tão sombrio que o produtor (e também roteirista) Mayer impôs um final feliz a Murnau e, em vez de se alegrarem com a desgraça do porteiro, os vizinhos terminam por ele recompensados, depois que o velho recebe a herança milionária de um hóspede agradecido por sua atenção. Por conta dessa interferência, *A Última Gargalhada* é considerado "menor" do que *Nosferatu*, mas convém avaliar o filme sob outro ponto de vista. O cinema pode ter celebrado grandes homens e mulheres em verdadeiras obras-primas, mas, na maioria das vezes, o que essa arte do século 20 vai celebrar é a história de pessoas comuns. É o que ocorre em *A Última Gargalhada*, o filme no qual Murnau termina criando uma epifania do homem comum.

Antes de produzir essa obra-prima "realista", o expressionismo havia dado seus frutos nas artes visuais, na literatura e no próprio cinema. Foi entre 1910 e os primeiros anos da década de 1920. A Alemanha sediou uma das mais profundas revoluções por que passaram as artes no século passado. Costuma-se dizer que o expressionismo, em seus primórdios, foi um movimento de jovens. A maioria deles de origem burguesa, queriam contestar os valores da autoritária sociedade alemã pós-bismarckiana, com seu modelo baseado nas distinções de classes. Possuídos por um sentimento apocalíptico, queriam enterrar a velha cultura e fundar a nova sociedade, na qual o homem seria autêntico, bom e livre de condicionamentos. Para realizar esse objetivo utópico, a arte deveria ser entendida como uma forma espontânea de expressão da alma. Ou seja: os expressionistas não tinham por objetivo representar a realidade concreta. Interessavam-se mais pelas emoções e reações subjetivas que objetos e eventos suscitavam no artista e que ele tratava de "expressar" por meio do amplo uso da distorção, da exageração e do simbolismo. Há um quadro muito famoso de Edward Munch, pintor norueguês que viveu na Alemanha. Chama-se *O Grito*, foi pintado ainda no século 19 – como uma reação ao impressionismo, garantem os estudiosos do artista – e virou um ícone usado pelo mundo inteiro em desenhos e publicidade. Mostra uma figura deformada, pouco mais que um vulto, que lança um grito numa ponte. O corpo curvado da figura que não permite sua identificação sexual, se é um homem ou uma mulher, representa o homem moderno, sem deus, o indivíduo só que lança seu grito com certeza desesperado. Para completar o apocalipse munchiano, céu e terra se misturam numa massa única e caótica, em cores de fogo, e ao par da natureza hostil há outros dois filmes indiferentes à angústia do personagem (ou da personagem) central da tela. Esse mesmo grito ecoa por outras obras do expressionismo no cinema alemão. Está em *O Gabinete do Dr. Caligari (Das Kabinett des Dr. Caligari)*, de Robert Wiene, de 1919, e *em M, o Vampiro de Dusseldorf (M – Eine Stadt Sucht den Moerder)*, de Fritz Lang, de 1931.

São filmes que fazem a identificação entre homem, sociedade e cinema. Há críticos que sustentam que nenhum outro filme celebra tanto esse casamento quanto *O Gabinete do Dr. Caligari*. A Alemanha havia sido derrotada na I Guerra Mundial. Ao contrário da Itália,

O Gabinete do Dr. Caligari, de Robert Wiene

também derrotada na II Guerra e que olhou para dentro de si mesma à espera de um renascimento, produzindo o neo-realismo, o romântico pessimismo da alma alemã produziu o expressionismo para expor – nas artes plásticas, na literatura e no cinema – o apocalipse moral de um mundo em crise. Surgido na Alemanha, o expressionismo ganhou o mundo. David Wark Griffith considerava Orson Welles um diretor expressionista, você já viu. Os fotógrafos e cenógrafos que, em fuga do nazismo, emigraram para os Estados Unidos ajudaram a criar uma tendência, que alguns críticos consideram um gênero, e outros dizem que é um estilo, o filme *noir*.

Tudo isso é verdade, mas quando se fala em expressionismo no cinema o primeiro filme que vem é *Caligari*.

Robert Wiene, o diretor que assina o filme, é o chamado homem de uma só obra-prima. Fez outros filmes, mas nenhum obteve tanta repercussão. Há controvérsia sobre a sua autoria. *Caligari*, mais do que a obra de um indivíduo, talvez tenha sido o produto de uma equipe. Foram decisivas, no processo criativo desse filme, as contribuições do argumentista Carl Mayer, o mesmo de *A Última Gargalhada*, e dos cenógrafos Walter e Herman Rohrig. A Alemanha derrotada se identificou nas deformações plásticas que a dupla de cenógrafos propôs ao diretor, e que Wiene e Mayer aceitaram porque eram as que mais convinham à história que queriam contar. *Caligari* vê o mundo pelos olhos de um louco. Aquelas linhas oblíquas, as ruas tortas, as janelas fora de esquadro, tudo ressaltado pela fotografia à base de claros-escuros radicais, transformaram-se na expressão de um mundo em desequilíbrio.

Tão forte foi o impacto que Siegfried Kracauer chamou de *De Caligari a Hitler* o livro em que usou o cinema para investigar a alma alemã no período entre as duas guerras. Ingmar Bergman, refletindo sobre o mesmo período, chamou de *O Ovo da Serpente* o seu filme sobre a gênese do nazismo, feito nos anos 1970. O ovo, pode-se afirmar com certeza, foi gerado no gabinete do Dr. Caligari. E tanto que a palavra "caligarismo" adquiriu um significado sociológico, mais até do que estético, indo parar nos dicionários, sempre associada ao nazismo. Ao contrário do que ocorre nos filmes de David Wark Griffith, que já analisamos, e nos de Sergei Mihailovitch Eisenstein, que analisaremos a seguir, a diversidade dos planos possui uma função secundária em *O Gabinete do Dr. Caligari*. Não é a montagem que importa, e sim a cenografia. Em vez da transparência narrativa, *Caligari* celebra o caos e a descontinuidade como formas de olhar o mundo.

O filme começa com a história que um rapaz conta a um ouvinte intrigado. Ela começa num parque que anuncia, entre as suas atrações, um estranho médico que possui um assistente sonâmbulo. Desaparecimentos misteriosos ocorrem na cidade. A namorada do rapaz é seqüestrada. No final de uma perseguição que mobiliza os moradores do local descobre-se que o médico e seu assistente são os culpados, ou parecem ser: o rapaz e a namorada perderam a razão, estão num hospício, e, assim, toda essa história pode muito bem ser o produto da imaginação de dois loucos. Segundo Kracauer em seu livro famoso, Caligari é uma premonição de Hitler, antecipando sua sede de poder, a loucura assassina e também a capacidade de manipular as mentes das pessoas. Da mesma forma, César, sonâmbulo, representa o povo alemão em sua submissão cega ao Führer.

Wiene e seu roteirista não foram os únicos a intuir o que estava para ocorrer na Alemanha. Outro diretor também teve uma premonição genial e, a exemplo de Wiene em *Caligari*, criou outro personagem emblemático como representação, na tela, da sanha assassina de Hitler. O curioso é que Fritz Lang havia sido cogitado para dirigir o roteiro de Carl Mayer, mas estava comprometido com Die Spinnen, sobre uma organização de criminosos que quer dominar o mundo. Lang terminou criando o seu Caligari num filme de 1922, *Dr. Mabuse, o Jogador (Dr. Mabuse der Spieler)*. Dez anos mais tarde, o grande diretor retomou a figura do louco que pretende estender seu poder sobre o mundo em O *Testamento do Dr. Mabuse (Das Testament des Dr. Mabuse)*. E não se despediu sem fazer, como se fosse um testamento, *Os Mil Olhos do Dr. Mabuse (Die Tausend Augen des Dr. Mabuse)*, em 1962, antecipando o peso que a televisão teria na vida das pessoas nas décadas seguintes. Todos esses filmes são importantes, mas a obra de Lang que melhor reflete a Alemanha pré-nazista é *M., o Vampiro de Dusseldorf*.

Peter Lorre interpreta o maldito do título. É um assassino de crianças que age em Duesseldorf. A morte de uma dessas meninas é filmada sem que o diretor mostre coisa alguma. Tudo é só sugerido por meio de vazios. A

M, o Vampiro de Dusseldorf, de Fritz Lang

menina aparece rapidamente, e, logo, a sombra do assassino na parede branca, o prato vazio, o grito da mãe e o balão que se perde nas alturas compõem, para o espectador, a tragédia que acaba de ocorrer. Porque suas atividades colocam a polícia em alerta e prejudicam as atividades dos criminosos comuns, eles se unem para perseguir o maldito, que é identificado por um cego. Esse último consegue gravar, em seu ombro, a letra M. No final, M é preso e julgado pelo submundo. Difícil dizer o que impressiona mais nesta seqüência extraordinária: o cenário é baixo e opressivo, os criminosos transformados em juízes formam uma massa compacta. Pedem a pena de morte não apenas para M, mas também para todos aqueles grupos étnicos que o nacional-socialismo iria perseguir.

Lang fez o mais rigoroso e perfeito retrato da Alemanha no começo dos anos 1930. Ele queria chamar seu filme de *Os Criminosos Estão Entre Nós*, mas as autoridades nazistas perceberam a implicação do título e o vetaram. Nem por isso Goebbels desistiu de fazer de Fritz Lang o cineasta oficial do III Reich. O diretor tentou safar-se citando certos antecedentes judeus em sua família. Ouviu do poderoso Goebbels que não cabia a ele, mas ao regime, apontar quais eram os inimigos da Alemanha. Lang preferiu o exílio. Fugiu para a França e, de lá, tomou o rumo dos Estados Unidos.

Embora tenha desenvolvido em Hollywood mais da metade de sua carreira, os críticos, de maneira geral, nunca atribuíram muita importância à fase americana do autor. Se ele era grande era por causa de seus filmes expressionistas. O crítico e cineasta Peter Bogdanovich escreveu um livro, *Fritz Lang in America*, para desfazer o equívoco. Não é preciso ter lido esse livro para saber que Bogdanovich tem toda razão. O tema preferido de Lang é a luta do homem contra as forças que pretendem aniquilá-lo. Sofre uma mutação a partir da primeira fase alemã do cineasta, pois, como já vimos, ele voltou à Alemanha para realizar lá seu último filme, que também foi seu último Mabuse. Lang teve sempre uma maneira peculiar de tratar o mal. Localizou-o, por vezes, em indivíduos, mas nunca perdeu de vista a amplitude fornecida pelo quadro histórico e social.

Em *Metrópolis*, outro de seus clássicos – a concepção futurista do filme influenciou diretores como Ridley Scott, *em Blade Runner, o Caçador de Andróides (Blade Runner*, de 1982) –, a ação se passa nesta cidade superdesenvolvida, na qual os homens vivem em subterrâneos e trabalham como escravos, explorados por um cientista louco que criou uma boneca mecânica adorada pelas multidões. Quando os escravos se revoltam e o seu movimento fracassa, nem por isso deixam de ser perdoados. *Metrópolis* propõe uma ingênua confraternização do capital e do trabalho. Neste sentido, envelheceu bastante, o que Lang sabia que iria ocorrer. Ele nunca negou que achava essa solução simplista. Era uma criação de sua mulher, na época, a roteirista Thea Von Harbou, que aderiu ao nazismo. Em *Metrópolis*, os homens parecem governados por uma lei inviolável. Ela atinge também o protagonista de *M* e quase todos os heróis hollywoodianos de Lang. O próprio autor gostava de falar em "destino". Há sempre um destino trágico contra o qual o homem se insurge no cinema de Lang. Talvez por isso tenha se adaptado tão bem ao cinema de ação de Hollywood.

Como criador de pesadelos, Peter Bogdanovich observa, Lang não tem igual. E quando M lança seu apelo desesperado – "Alguém me ajude" –, é ainda Bogdanovich quem afirma, com propriedade, que Lang criou aí um dos mais pungentes gritos de angústia do homem registrados por uma câmera. O rosto de Peter Lorre acuado pelos criminosos, seus olhos esbugalhados fazem parte das emoções inesquecíveis que um espectador pode guardar de suas experiências assistindo a filmes. Apesar da fama de *O Gabinete do Dr. Caligari*, talvez sejam essas, *A Última Gargalhada* (ou *O Último Homem*) e *M.*, as obras-primas definitivas produzidas pelo expressionismo no cinema. Mas há um terceiro filme que não pode ser esquecido. É *O Anjo Azul*, que Josef Von Sternberg adaptou do livro de Klaus Mann, filho de Thomas. *O Anjo Azul* é sempre lembrado porque nele Sternberg lançou uma atriz de belas pernas que se transformaria no avatar de todas as vamps cinematográficas, Marlene Dietrich.

Numa série de seis filmes com sua estrela, Sternberg, que a levou para Hollywood, transformou Marlene em objeto de desejo e destruição, recorrendo a *mise-en-scènes* cada vez mais sofisticadas para contar suas histórias de homens enganados por mulheres, de homens e mulheres enganados pelas aparências. É um tema freqüente nos chamados filmes *noir*, que surgiram em Hollywood, após a guerra, contando histórias de detetives num estilo visual herdado do expressionismo. O filme *noir*, seja gênero ou estilo, celebra um tipo de personagem, a mulher fatal, cuja representação mais perfeita na tela foi Marlene. Em *O Anjo Azul*, ela é a cantora Lola-Lola, que seduz e arruína a vida do respeitável professor Unrath, interpretado pelo mesmo Emil Jannings que tornou tão densa a decadência do trágico personagem de *A Última*

Gargalhada, de Murnau. Mais do que uma crônica da devassidão ou da dissolução moral, *O Anjo Azul* talvez seja o *Fausto* de Sternberg. Rath (Jannings) vende a alma ao Diabo, que assume a forma de uma mulher chamada "desejo". Não por acaso, o último filme que fizeram juntos, em 1935, chamou-*se* justamente *The Devil Is a Woman* (no Brasil: *Mulher Satânica*).

As lições do expressionismo disseminaram-se por Hollywood, mas do movimento o cinema americano preferiu reter as narrativas sombrias e os climas mórbidos, à base de claros-escuros radicais. Hollywood não se interessou muito pelas deformações plásticas do caligarismo. Em compensação, a iluminação expressionista está na base dos filmes *noir* e de dois clássicos vencedores do Oscar: *O Delator (The Informer)*, de John Ford, que pode ter provocado impacto, em 1935, mas envelheceu bastante e hoje ficou artificioso, não valendo os admiráveis *westerns* do mestre, e *Casablanca*, o *cult* romântico de Michael Curtiz, de 1942, com a dupla Humphrey Bogart-Ingrid Bergman. A vertente expressionista atinge até os suntuosos melodramas de William Wyler com Bette Davis, por volta de 1940. Em *A Carta (The Letter)*, conta a lenda que o cineasta queria criar um tipo de sombra. Para consegui-lo, não hesitou em fazer pintar nas paredes do *set* o que seriam as imagens projetadas de objetos e de uma árvore, em particular.

Eisenstein – A Revolução de Odessa

Cena da escadaria de Odessa no filme Encouraçado Potemkin, de Eisenstein

Há obviedades que prescindem de autoria. O historiador Eric Hobsbawn, em seu livro *A Era dos Extremos*, define a seqüência da escadaria de Odessa, no clássico *O Encouraçado Potemkin (Bronenosets Potymkin)*, como "os seis minutos mais influentes da história do cinema". Está chovendo no molhando ou repetindo o que o mais anônimo dos críticos não cessa de repetir desde que o cinema tomou consciência de seu valor como arte. *Potemkin* é de 1925. Surgiu como uma obra de encomenda, proposta pelo Partido Comunista para comemorar os 20 anos do levante de Odessa, quando os marinheiros do encouraçado Potemkin ganharam o apoio da população da cidade em seu protesto contra as condições insalubres a que os expunha a Marinha do czar. O protesto terminou num banho de sangue, mas daquela tragédia germinou a semente que desembocaria na revolução de 1917 na Rússia.

Em seu livro *Fronteiras do Cinema*, o crítico Walter da Silveira compara Serguei Mihailovitch Eisenstein a Leonardo Da Vinci e diz que, do ponto de vista da arte, de qualquer arte, sua obra se apresenta como a grande realização do socialismo russo. Não importa se a revolução de 1917 foi um erro ou um acerto. O fato interessa como uma data na história do homem, um marco de ideologia que se refletiu no cinema eisensteiniano. O diretor fez do movimento revolucionário russo, antes, durante e depois da tomada do poder pelos trabalhadores, a problemática central, como assunto, de seu cinema. Nem por isso deixou de enfrentar problemas com o novo regime triunfante. Vários de seus filmes foram acusados de desvios ideológicos e ele próprio foi rotulado de "decadente", contribuindo para isso a célebre foto tirada durante as filmagens de *Outubro (Oktyabre)*, de 1927. O filme também é conhecido como *Dez Dias Que Abalaram o Mundo*, o mesmo título do livro do jornalista e revolucionário americano John Reed sobre os primórdios da revolução russa, culminando com a tomada do Palácio de Inverno, em São Petersburgo.

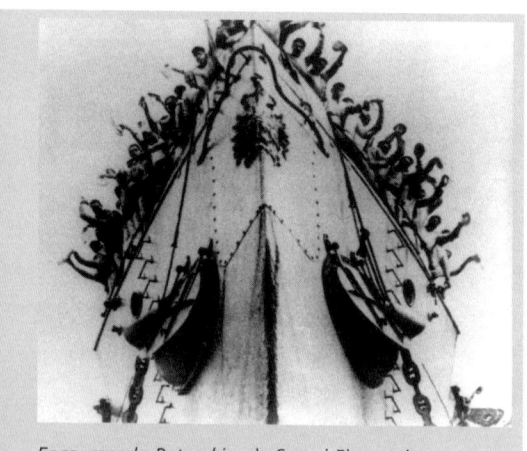

Encouraçado Potemkin, de Sergei Eisenstein

Eisenstein deixou-se fotografar sentado, displicentemente, no trono que pertencera ao czar Nicolau. Poderia ser uma brincadeira, foi considerada uma provocação contra-revolucionária. Os problemas prosseguiram no mesmo filme quando ele, fiel à história, quis destacar a importância de Trotski, Zinoviev e Kamenev no processo revolucionário. Eles já haviam caído em desgraça, sua participação foi eliminada na montagem, e o regime começou a suspeitar das propostas vanguardistas de Eisenstein, principalmente de sua "montagem de atrações". A consolidação de Josef Stálin no poder seria acompanhada por décadas de realismo socialista, um tipo de criação artística (no cinema, nas artes em geral) de uma mediocridade verdadeiramente aflitiva. Dentro desse novo quadro, a censura estética e política aplicou em Eisenstein os rótulos de "formalista" e "burguês".

Sua obra é constituída por relativamente poucos filmes, dos quais só dois ou três saíram como ele queria. Todos os demais sofreram a interferência da censura. Mas Eisenstein não pode ser avaliado só pelos filmes que fez. Ele deixou o legado de uma extensa produção teórica. Muita coisa do que disse ficou datada, mas seus textos discutindo o significado do cinema e da montagem continuam obras importantes de referência. Foi o representante máximo das vanguardas russas nos anos 1920, um dos grandes construtores da linguagem cinematográfica, tal como a entendemos hoje. David Wark Griffith, Orson Welles e ele. Sem essa santíssima trindade é possível que o cinema não tivesse evoluído da mesma forma e no mesmo ritmo.

Até Hollywood volta e meia presta tributo ao gênio desse russo que viveu atormentado pelo fantasma do comunismo. Brian De Palma cita a cena da escadaria de Odessa em *Os Intocáveis*, de 1987, mas a influência de Eisenstein é muito maior e mais ampla. Fundamentos de sua "montagem de atrações" animam os mais rudimentares noticiários de TV, no seu jogo de imagens. Até um diretor americano de ação, como Sam Peckinpah, transpõe para o *western* a montagem de atrações de Eisenstein na última bobina de *Meu Ódio Será Sua Herança (The Wild Bunch*, de 1969), na seqüência que começa no bordel. Andrew Tudor faz uma análise detalhada dessa cena em seu livro *Teorias do Cinema* (Edições 70). E, no Brasil, o cineasta tornou-se uma influência tão decisiva sobre Glauber Rocha que o *enfant terrible* do Cinema Novo não hesitava em estabelecer pontes entre seus filmes e os de Eisenstein. Glauber costumava dizer que a descoberta desse autor, seu mito, o impulsionou a fazer cinema. Radicalizando, gostava de estabelecer paralelismos arbitrários entre seus filmes e os do diretor russo: *Barravento-Greve, Deus e o Diabo na Terra do Sol-Potemkin, Terra em Transe-Outubro, O Dragão da Maldade contra o Santo Guerreiro-Alexandre Nevski.*

Eisenstein nasceu em Riga, na Letônia, em 1898. Morreu em Moscou, em 1948, pouco depois de completar 50 anos. A família era rica. O pai era engenheiro no porto da cidade em que ele nasceu, filho de judeus que optaram pelo cristianismo para fugir às perseguições durante o reinado do czar Alexandre II. A mãe era puramente eslava e recebeu uma educação burguesa tradicional. Como os pais não se entendiam muito bem, o menino Serguei foi entregue aos cuidados de uma babá, que permaneceu devotada a ele durante toda a sua vida. Em 1914, entrou para a universidade. Atraído pelo desenho e pela pintura, seguiu o curso de arquitetura. No teatro, admirava Meyerhold. Na pintura, Da Vinci. Em 1918, após a revolução, entrou para o Exército Vermelho, enquanto seu pai ligava-se ao Exército Branco, contra-revolucionário. Em 1920, desmobilizado, fixou-se em Moscou e fez uma descoberta decisiva. Freqüentando a seção oriental da Academia de Belas Artes descobriu o teatro kabuki, que o levou a adquirir noções de japonês.

Fascinou-o a composição dos ideogramas japoneses, em que uma palavra como "lágrima" é formada pela junção dos símbolos de "olho" e "água". Mais tarde, Eisenstein usou um princípio parecido em sua teoria da montagem, expressa em alguns momentos do primeiro filme, *Greve (Stachka)*, de 1924, e principalmente *Potemkin*, no ano seguinte. Bastaria esse último filme para justificar a glória do diretor. Em pesquisas junto a críticos e historiadores, *Potemkin* e *Cidadão Kane (Citizen Kane)*, de Orson Welles, de 1941, durante décadas alternaram-se no topo das listas de melhores filmes de todos os tempos. Ora era um, ora outro. O cinema mudou tanto e, com ele, os gostos e as referências dos últimos anos, que *Cidadão Kane* permaneceu imutável na condição solitária de melhor filme de todos os tempos, mas *Potemkin* despencou para o oitavo lugar numa pesquisa realizada nos EUA e na Inglaterra, em 2002.

Nada impede que amanhã *Potemkin* volte ao topo. Se a problemática de Eisenstein, como assunto, foi o movimento revolucionário na Rússia, do ponto de vista estético o que ele também fez foi procurar uma expressão revolucionária para o tema de sua preferência. Eisenstein pensou a história das artes, meditou sobre o significado estético e social de cada uma delas e chegou à conclusão de que o cinema, como linguagem, posto à luz da dialética marxista, deveria iniciar-se por uma tomada de posição diante dos processos da montagem. Pensando dessa maneira, foi um passo adiante de Griffith, que estabelecera, com *O Nascimento de Uma Nação (The Birth of a Nation)*, de 1915, os rudimentos da linguagem (e da montagem). Eisenstein partiu de Griffith: o filme consiste em estabelecer o movimento do tema dentro da ordem fílmica. Nesse processo, é fundamental que a ação dramática se imponha sobre o todo.

Isso é Griffith e talvez seja Lev Kulechov, o experimentador russo cujas pesquisas foram decisivas sobre Eisenstein.

Kulechov filmou a cara inexpressiva de um ator, Mozjukhin, e associou-a a outros planos de forma alternada, mostrando uma tigela de sopa, um caixão e assim por diante. No inconsciente do público, essas imagens justapostas adquiriam um significado: fome, tristeza etc. Eisenstein partiu daí para duas importantes reflexões teóricas. Ele chegou à conclusão de que o público, diante do experimento de Kulechov, reagia à justaposição das imagens, portanto, à montagem, fazendo a assimilação do efeito como um todo. Indo um pouco mais adiante em sua reflexão teórica, chegou à conclusão de que o filme, como obra de arte concebida dinamicamente, não é outra coisa senão o método de ordenar as imagens nos sentimentos e na consciência dos espectadores.

Parece simples e até óbvio, hoje em dia, mas não era assim no começo dos anos 1920. E menos ainda na Rússia revolucionária, em que outro importante diretor, Vsevolod I. Pudovkin, autor do também clássico *A Mãe (Mat)*, de 1926 – outro filme colocado entre os dez ou doze melhores de todos os tempos –, entendia a montagem como uma construção dramática semelhante à de uma casa, na qual os tijolos são dispostos um ao lado do outro, linearmente. Os planos, nos filmes, substituem os tijolos. Eisenstein pensava de outra forma. Ao conceito da construção, preferia o de colisão. É do choque de duas imagens distintas, misturando Kulechov e o ideograma japonês, que ele achava que surgia algo novo no inconsciente do público. Foi uma descoberta extraordinária, decisiva para o desenvolvimento do cinema de Eisenstein e para todos os artistas revolucionários para os quais ele se tornou referência, como Glauber, no Brasil.

Refletindo sobre os problemas de criação dos dois grandes filmes de Eisenstein e Pudovkin, o crítico Leon Moussinac escreveu em 1927, no calor da hora, que o primeiro se preocupava em encarar o ritmo em termos matemáticos, determinando para as imagens, desde a confecção do roteiro, um coeficiente parcial em relação ao coeficiente geral atribuído ao filme como um todo. Como na música, o movimento é, no cinema de Pudovkin, parte da expressão das imagens, mas de tal forma que o ritmo no qual esse movimento se inscreve faz parte da ordem e da duração dessas mesmas imagens. Comparando Eisenstein e Pudovkin, Moussinac escreveu que a arte do primeiro sacode o espectador e coloca em xeque suas idéias preconcebidas sobre arte. A do segundo emociona com ciência, reaviva no público reflexões que parecem eternas sobre o homem, prolonga o pensamento e estimula nossa revolta, fazendo apelo ao que existe de mais puro e íntegro em nós. Resumindo, Moussinac compara *Potemkin* a um grito e *A Mãe* a um canto, ou um lamento.

Mais tarde, Stanley Kubrick também vai defender a montagem como fundamento do filme. Autor de obras-primas do cinema, como *Glória Feita de Sangue (Paths of Glory*, de 1957), *Doutor Fantástico (Dr. Strangelove*, de 1964) e *2001, Uma Odisséia no Espaço (2001, A Space Odyssey*, de 1968), Kubrick dizia que, no cinema, as imagens vêm da fotografia, a interpretação do teatro e o roteiro da literatura. Por isso mesmo, achava que cinema, mesmo, é a montagem, que organiza todos esses elementos sob a forma de movimento, para atuar no espírito do espectador. A montagem, portanto. Pensando ainda mais sobre o assunto, Eisenstein chegou ao desenvolvimento da sua teoria da atração. Ele próprio explicava do que se trata: "É o momento particular em que todos os elementos concorrem para determinar, na consciência do espectador, a idéia que se queira comunicar-lhe, colocando-o no estado de espírito ou na situação psicológica que fez nascer essa mesma idéia".

Por mais abstrata que pareça a teoria e complicada que seja sua realização, Eisenstein conseguiu expressá-la em filmes que hoje são considerados clássicos. Criou a seqüência fundamental da escadaria de Odessa, cuja representação mais sintética é a imagem daquele carrinho desgovernado, que desce pelos degraus, aos sobressaltos, conduzindo o bebê, para desespero dos que participam da cena e não conseguem pará-lo. Só como exemplo de trivialidade, vale lembrar que, quando Brian De Palma refaz a cena em *Os Intocáveis (The Untouchables)*, de 1987, o Elliott Ness de Kevin Costner consegue parar o carrinho, mas aí não é mais Eisenstein, e sim o típico herói americano. Quando cria imagens baseadas no conceito dialético da colisão, a teoria de Eisenstein é perfeita. Quando a montagem não se estrutura no conflito, as idéias de Eisenstein revelam-se mais problemáticas, e os cinco tipos, ou bases, de montagem que ele estabeleceu — métrica, rítmica, tonal, sobretonal e intelectual — levam a efeitos desconcertantes.

Para analisar essas diferentes bases é preciso voltar à criação eisensteiniana, especialmente a *Potemkin* e à cena da escadaria. Nem sempre elas são logradas. A mais fácil é a montagem métrica, que gira em torno do compasso mecânico do corte. Eisenstein tendia a considerar essa montagem, em si mesma, pouco digna, informa Andrew Todor. Não é por provocação, mas Glauber utiliza largamente a montagem métrica em *O Dragão da Maldade contra o Santo Guerreiro*, de 1968, nas cenas de duelos de cangaceiros e manifestações folclóricas de canto e dança. A montagem rítmica aparece em *Potemkin*, nos pés dos soldados que descem as escadas. Eles criam um ritmo dentro do fotograma que não está necessariamente sincronizado com o compasso métrico do corte. A montagem tonal, que aparece nas cenas de nevoeiro, baseadas na qualidade da luz, é mais complicada. Mostra o quanto é difícil estabelecer as relações entre tons emocionais e visuais propostas pela análise de Eisenstein. Há ainda mais problemas com a montagem sobretonal, desenvolvida por via de uma analogia musical, e que o próprio Eisenstein descobriu em *A Linha Geral*

(Generalnaya Linnia), de 1929, que não se enquadrava nas categorias ortodoxas por ele criadas, sendo muito difícil trabalhar sobre a tonalidade da impressão fornecida por cada plano. A montagem intelectual tem seus momentos mais famosos retirados de *Outubro*, na cena em que uma série de imagens de ídolos religiosos passa de representações cristãs (e modernas) para uma figura nativa mais primitiva. A idéia é levar o conceito de Deus até as origens, forçando o espectador a aperceber-se intelectualmente do processo.

Um artista não precisa acertar sempre para que suas especulações sejam atraentes e originais. Mas no caso de Eisenstein criou-se o conceito um tanto exagerado do grande artista, que transforma em verdades absolutas todas as suas formulações teóricas. Não é verdade, e a própria evolução estética do cinema do autor evidencia as crises que ele enfrentou (e não resolveu). Houve os problemas políticos e ideológicos. Eisenstein, que recorreu à figura de um herói da luta contra os cavaleiros teutônicos para destacar a importância da liderança do camarada Stálin contra os invasores nazistas em *Alexandre Nevski*, recorreu ao mais absolutista dos czares da Rússia para denunciar os excessos do stalinismo em *Ivan, o Terrível (Ivan Groznyi)*. O filme em duas partes (1944 e 45) foi proibido sob a acusação de haver fugido à verdade histórica, transformando um personagem forte num herói trágico – frágil e indeciso – como Hamlet. Apesar de todas as pressões que sofreu, ele permaneceu um socialista convicto. O problema é que, à força de tanto querer destacar a importância do tempo, dilatando a duração de certos momentos significativos – o prato quebrado pelo marinheiro em *Potemkin*, primeiro sintoma da revolta, filmado de diversos ângulos –, ele terminou destruindo o espaço real dramático de seus filmes justamente por meio da montagem. Um filme como *Ivan* não é mais que uma sucessão de planos deslumbrantes no seu jogo de composição e luzes. Assemelha-se a uma sucessão de quadros cujo significado, ou dramaticidade, convém não exagerar.

Há figuras que são paradigmáticas. Eisenstein é uma delas. Seu discípulo brasileiro, Glauber Rocha, é outra. Não precisam ser mitificados nem considerados intelectuais épicos cujo legado seria intocável para ter sua importância reconhecida. O *Encouraçado Potemkin* é um grande filme. O restante da obra eisensteiniana é formado por fragmentos, alguns magníficos, outros nem tanto e vários discutíveis, para dizer-se o mínimo. Em seu favor pode-se dizer que foi um espírito irrequieto, sempre absorvido pelos problemas da criação artística e da cinematográfica, em particular. Seus escritos teóricos são importantes, até para quem se disponha a contestá-los. E o gênio Eisenstein, no fundo, possuía uma modéstia que destoa um pouco da arrogância do grande artista pintado por seus exegetas. Ele tinha consciência do seu valor, do que pretendia alcançar, mas nas suas memórias, publicadas em 1989, deixou um testemunho comovente do reconhecimento dos próprios limites. "O cinema é a mais internacional das artes", escreveu. "De suas inesgotáveis reservas, a primeira metade do século extraiu apenas migalhas. Um mundo imenso e complexo abre-se diante dele."

CHAPLIN – AS FACES DE CARLITOS

Tempos Modernos, de Charles Chaplin

Glauber Rocha filmava *A Idade da Terra* em Salvador, em 25 de dezembro de 1977, quando recebeu a notícia da morte de Charles Chaplin. Glauber imediatamente viu no fato e naquela data, o dia de Natal, um desafio simbólico para a civilização contemporânea. A morte de Chaplin representaria a morte do humanismo no século 20. Podia ser um exagero glauberiano, pois depois daquele Natal continuaram surgindo humanistas radicais como o diretor iraniano Abbas Kiarostami, para citar apenas um exemplo. O mais importante na fala de Glauber é o reconhecimento da universalidade de Chaplin. Outro baiano, o crítico Walter da Silveira, escreveu no mais denso dos textos de sua antologia *Fronteiras do Cinema – O Cinema como Instrumento do Humanismo –*, que bastava citar Carlitos para que qualquer criança, em qualquer lugar do mundo, identificasse o mistério e o fascínio do cinema. Silveira escreveu isso no começo dos anos 1960. Quarenta anos depois, no Natal de 2002, a distribuidora Telescope relançou nos cinemas brasileiros, em cópias novas, o clássico *O Grande Ditador (The Great Dictator*, de 1940). O sucesso não foi, nem de longe, o esperado. Crianças e adultos não identificam mais Carlitos como a imagem do cinema?

Tem a ver com a revolução estética que Alfred Hitchcock desencadeou nos anos 1960, com aquelas 70 posições de câmera para apenas 40 segundos de filme em *Psicose (Psycho)*. O cinema passou por muitas mudanças depois disso. A TV fortaleceu o surgimento de uma geração da mentalidade visual. A percepção desse público não é mais linear, como a que se originava da leitura de um livro. Hoje, o espectador faz a assimilação instantânea da cena como um todo. Capta o sentido de uma tomada quase no primeiro lance. Como conseqüência, quando ela persiste na tela, esse novo espectador se aborrece porque o prolongamento lhe parece excessivo e está ali apenas para ressaltar o óbvio. Como resultado, o ritmo da montagem teve de ser acelerado, e alguns dos principais ensinamentos do cinema mudo foram relegados ao passado, viraram peças de museu. A única explicação para o relativo fracasso de *O Grande Ditador* é essa. É preferível acreditar nisso do que em outra possibilidade, a de que o tema do filme – o ataque a Adolf Hitler e às perseguições raciais que se verificavam na Europa – tenha ficado obsoleto, não tenha mais respaldo no público dessa era da globalização.

Chaplin, escreve Jean Tulard em seu *Dicionário de Cinema*, é um símbolo. Foi um dos construtores da linguagem cinematográfica e, com Carlitos, criou um personagem que, durante muito tempo, foi identificado como o próprio cinema. Como todo símbolo, Chaplin virou uma vidraça cuja fragilidade críticos e historiadores tentaram expor, para destruir o mito. Joyce Milton valeu-se do registro psicológico para interpretar Chaplin. O que descobriu sobre o homem conspurca o mito. *Chaplin – Contraditório Vagabundo*, um tijolo de mais de 500 páginas, não é nem pretende ser uma biografia confiável como aquela que fez do criador de Carlitos o inglês David Robinson em *Chaplin: His Life and Art*. Joyce vasculhou nos arquivos do Federal Bureau of Investigations, o FBI, que tinha, trancado a sete chaves, um alentado dossiê sobre o ator e diretor. Uma lei federal dispondo sobre a liberdade de informação abriu o arquivo e, na brecha, pesquisando nessas páginas antes interditadas, ela fez o livro que revela os podres de Chaplin e expõe a porção vil do adorável utopista.

O Chaplin que emerge do livro de Joyce parece um caso clínico, digno de um estudo médico. Era fixado na figura da mãe depressiva e alcoólatra, que sofreu sucessivos internamentos em institutos psiquiátricos antes de morrer louca; por causa de suas idéias vagamente socialistas, foi manipulado pelos comunistas – o relatório do FBI diz que o verdadeiro autor dos filmes de Chaplin era Josef Stálin –; apesar do envolvimento com ninfetas, o pedófilo que obrigava suas jovens amantes a praticar abortos lutava contra as pulsões homossexuais que o consumiam; e finalmente o humanismo era só de fachada. Chaplin, garante Joyce Milton, não era sincero e muito menos generoso com os outros. Era autoritário, mesquinho e egocêntrico, principalmente em suas relações com as mulheres.

Um monstro, em resumo. Não é o que Chaplin transmite na tela, metamorfoseado como Carlitos. A bengala, o bigode, o chapéu coco, as calças levemente caídas, os sapatos furados com os quais executa o que parece uma dança. É a humanidade inteira que se equilibra nas pernas frágeis de Carlitos, um crítico escreveu que seus filmes mostram o homem como malabarista diante da vida. A carreira começou na infância e o próprio Chaplin contou, em sua autobiografia, como foi atirado no palco ainda criança, com 5 anos apenas. A mãe, Hannah – nome da personagem que Paulette Goddard, então sua mulher, interpretou em *O Grande Ditador* –, carregava o filho pequeno para o teatro. Um dia, sua mãe estava no palco quando teve um mal súbito e perdeu a voz. A platéia começou a vaiar e o empresário do show, apavorado, teve o *insight* de empurrar para a frente do público o pequeno Charles Spencer Chaplin, filho da atriz, que já vira fazendo palhaçadas nos bastidores.

O próprio Chaplin, debruçando-se, anos mais tarde, sobre o episódio, construiu sua versão mítica do que ocorreu naquela noite, naquele teatro pobre de Londres. Sob a luz dos refletores, ele começou a cantar uma canção conhecida, *Jack Jones*, e a fazer gracinhas. No meio da cançoneta, uma chuva de moedas desabou sobre o palco e ele então parou de cantar, avisando que ia recolher o dinheiro e o resto cantava depois. O público adorou. Naquela noite, Hannah fez sua última aparição, e Chaplin a primeira. Nunca mais saiu de cena, mas não teve uma ascensão fácil. Com o irmão Sidney chegou a cantar e dançar nas ruas, por um prato de comida. Em 1906, aos 17 anos, tentou fazer o papel de galã em *O Alegre Major*, mas o esquete teatral ficou em cartaz durante apenas uma semana. Chaplin decidiu então que sua vocação era mesmo o humor. O sucesso como comediante levou-o a integrar a trupe de Fred Karno.

Fez duas turnês pelos Estados Unidos, em 1910 e 12. Na segunda, resolveu estabelecer-se na América. Apresentava em Nova York a peça *The Eight Lancaster Ladies* quando foi visto por Charles Kessel, representante da Keystone Comedy Film Company, de Mack Sennett, o rei da comédia no cinema. No ano seguinte foi contratado por US$ 200 semanais e em janeiro de 1914 estreou diante das câmeras, na comédia de uma bobina (aproximadamente, 10 minutos), *Making a Living*. Até dezembro daquele ano, fez 35 filmes na Keystone e aí trocou de companhia. Na Essanay, de janeiro de 1915 a março de 1916, fez mais 14 comédias, agora de duas bobinas. Nelas foi tomando forma, impondo-se em definitivo o personagem do *tramp*, o vagabundo. Outra mudança de companhia e na First National, entre abril de 1918 e julho de 1923, Chaplin fez as primeiras obras-primas definitivas: *Vida de Cachorro (Dog's Life), Ombro, Armas (Shoulder Arms), O Garoto (The Kid), O Peregrino (The Pilgrim)*.

Ele diminui o ritmo de trabalho e filma cada vez menos para elaborar mais. Pode-se traçar claramente a linha evolutiva. O estilo pastelão da Keystone dá lugar ao personagem humano da Essanay, fica sentimental na Mutual, quando a popularidade de Chaplin chega ao auge, e chega à grande fase da First National, quando o burlesco e o dramático fundem-se em realizações de um estilo cômico realmente perfeito. Analisando a origem do mito de Carlitos, o crítico francês Jean Mitry observou que ele criou um estilo de mímica que se refere mais ao conteúdo do que ao comportamento. Outro crítico, Philippe Soupault, usou uma característica de Carlitos – o fato de ele sempre seguir em frente, apesar dos contratempos – para sugerir que Chaplin talvez tenha encarnado o mito do Judeu Errante. E outro crítico, ainda, o historiador Georges Sadoul, destacou um aspecto fundamental: Carlitos não é um vagabundo por opção, por prazer. Na maioria das vezes, senão sempre, ele procura trabalho num mundo que lhe é hostil.

Em 1919, Chaplin juntou-se a outros três grandes – o diretor David Wark Griffith, o casal de atores Douglas Fairbanks e Mary Pickford – para fundar a United Artists, que deveria garantir a independência artística e financeira de todos. Seu primeiro filme na empresa foi um drama, no qual não trabalhou como ator: sua silhueta aparece, brevemente, num único plano de *Casamento ou Luxo (A Woman of Paris)*, de 1923, com sua parceira em inúmeras comédias do começo de sua carreira, Edna Purviance. Chaplin já tentara fazer um drama em 1915, mas seu contrato com a Essanay não lhe permitiu realizar o filme que queria chamar de *Life*. Ao contar a história da garota que pensa ter sido abandonada pelo namorado, torna-se mundana em Paris e termina dedicando-se a cuidar de órfãos depois que o amado, que a reencontrou, se suicida, Chaplin pensou em dar ao filme o título de *A Opinião Pública*, convencido de que estava fazendo um ataque à intransigência moral e ao puritanismo. Alertado do risco que corria, optou pelo título que o filme conservou, *A Mulher de Paris*.

Os protestos foram grandes, e o drama de Chaplin foi proibido em muitos Estados americanos. É narrado por meio de detalhes sutis e elegantes elipses que foram consideradas inovadoras, sendo absorvidas, mais tarde, por Ernst Lubitsch em suas comédias. Apesar do (relativo) fracasso, *A Mulher de Paris* é considerado decisivo na carreira do autor porque avançou muito na tendência ao aprofundamento psicológico dos personagens, que já vinha sendo exercitada em obras como *O Garoto*. Nos anos seguintes, Chaplin realizará suas três "tragédias cômicas", que os críticos quase sempre colocam entre os melhores filmes de todos os tempos: *Em Busca do Ouro (The Gold Rush)*, de 1925, *O Circo (The Circus)*, de 1928, e *Luzes da Cidade (City Lights)*, de 1931.

Até chegar a essa impressionante sucessão de obras-primas, Chaplin realizou quase 70 filmes, a maioria curtos, nos quais sua genialidade consistiu em utilizar a técnica do cinema mudo para erigir uma estética representada por

Carlitos. Ele percebeu que os filmes mudos, projetados à razão de 16 quadros por segundo, produziam um movimento acelerado na tela e usou essa característica para criar efeitos cômicos na movimentação cênica de Carlitos. É verdade que isso não ocorria apenas com Chaplin. Outros diretores e astros de comédias mudas estavam fazendo a mesma coisa e nas comédias de Harold Lloyd, principalmente, os carros participavam como bichos domésticos das perseguições urbanas, numa fase em que os veículos automotores ainda não haviam se tornado símbolos de massificação.

Até por ter consciência do que representava o cinema mudo para ele e seu personagem, Chaplin resistiu o quanto pôde ao advento do cinema falado. *Luzes da Cidade* não é mais um filme mudo, pois tem som, mas é narrado sem diálogos. De novo a sutileza das elipses confirmava o domínio do cineasta sobre a linguagem e a forma como ele inovava para contar suas histórias. No começo, um simples bater da porta de um carro cria para a cega, co-protagonista da história, a ilusão de que Carlitos é um milionário. Ele se sacrifica para levantar os recursos para que ela faça a cirurgia que lhe restitui a visão. Quando isso ocorre, no desfecho, e a garota descobre que seu protetor é, na verdade, um vagabundo, a decepção que passa no olhar da atriz Virginia Cherrill é um dos momentos mais cruéis (e inesquecíveis) do cinema.

A carreira de Chaplin torna-se cada vez mais bissexta. Só cinco anos mais tarde ele lança *Tempos Modernos (Modern Times)*, outro filme sonoro, mas não falado, criticando os perigos da automação na vida moderna. Ficou famosa a cena de Carlitos engolido pela máquina, na fábrica. Ele sofre acusações de plágio. Teria copiado a comédia *A Nous la Liberté*, que o francês René Clair havia realizado em 1931, o ano de *Luzes da Cidade*. O próprio Clair admitia-se lisonjeado por haver inspirado o grande Chaplin, mas a acusação de plágio foi só um dos escândalos que envolviam a vida privada do artista, repercutindo em sua carreira. O divórcio de Lita Grey, os envolvimentos com mulheres mais jovens, tudo isso ganhava destaque negativo na imprensa dos Estados Unidos. Chaplin, que havia feito uma grande viagem ao redor do mundo para espairecer, traz para o cinema a antevisão dos perigos que ameaçam a humanidade na segunda metade dos anos 1930. E entra pelos anos 1940 assinando justamente *O Grande Ditador*.

Conta a lenda que o próprio Hitler fazia projetar-se, secretamente, o filme no qual, transformado em Hynkel, o grande ditador, era motivo de sátira. Chaplin andava preocupado com o que o nazi-fascismo estava fazendo na Europa, mas a idéia do filme só lhe veio quando ele próprio, alertado por amigos como os produtores e diretores Alexander e Zoltan Korda, deu-se conta de quão parecidos, fisicamente, eram o Führer e o vagabundo que havia criado. Bastava colocar um bigode nesse último e, pronto, Carlitos virava Hitler. E foi assim que surgiu a história do barbeiro judeu que vira sósia do ditador que prega o confinamento e, depois, o extermínio dos judeus. Já se disse, aqui, o quanto Chaplin resistiu ao avanço do cinema falado, que há mais de uma década já dominava a produção de Hollywood. Em *Tempos Modernos*, Carlitos canta uma canção cujos versos não fazem sentido, e foi essa a concessão máxima que Chaplin fez ao cinema falado, antes de *O Grande Ditador*. Quando utilizou a palavra foi para completar, no desfecho dessa obra-prima, a expressão do homem.

O Grande Ditador, de Charles Chaplin

O barbeiro, disfarçado como ditador, discursa para a multidão, mas na verdade está falando para a mulher que ama. Ela é interpretada pela mulher de Chaplin e tem o nome da mãe dele. Paulette Goddard é Hannah. Chaplin inicia o discurso atribuído a Hynkel citando o Evangelho de São Lucas. Diz que o tesouro está onde estiver o coração do homem, reafirma sua crença na liberdade, afirma a dignidade, apela aos soldados para que deponham as armas e, em nome da democracia, se unam para construir um mundo melhor. Mais tarde, no dossiê do FBI, Chaplin será acusado de haver atenuado seu ataque aos nazistas por sugestão do Kremlin, que havia assinado o tratado de não-agressão com a Alemanha. É absurdo, porque o ataque de Chaplin às ditaduras que aviltam o espírito humano não é só um ataque ao nazi-fascismo. É a todos os totalitarismos. Stálin compreendeu, pois o filme teve a sua exibição na União Soviética proibida por uma ordem expressa do ditador.

Talvez tenham razão os críticos que sustentam que a ideologia de Chaplin era, no fundo, inconseqüente como a passeata que o operário lidera sem querer, ao recolher do chão a bandeira que se presume vermelha – o filme é em preto-e-branco – de *Tempos Modernos*. Pode ser, mas não era o que pensava a direita americana, que considerava o ator e diretor um lacaio dos comunistas. Sete anos depois, com *Monsieur Verdoux*, ele provocou irritação ao voltar, mesmo que indiretamente, ao tema da guerra. Ocorre aqui uma mudança importante. O vagabundo é substituído por um homem bem vestido, de boas maneiras. Chaplin teria se inspirado no caso Landru, que mereceu depois, no começo dos anos 1960, um filme dirigido pelo francês Claude Chabrol. O crítico André Bazin diz que Chaplin, nesse filme, substituiu o idealismo de Carlitos pelo cinismo e fez o que não deixa de ser o calvário de um Cristo laico. *Monsieur Verdoux*, acusado de matar a mulher, assume seus crimes e os da humanidade inteira. No julgamento, diz que um homem pode ser condenado por matar seu semelhante, mas se cometer assassinatos em massa, na guerra, seu gesto será considerado heróico e ele ganhará, quem sabe, uma medalha.

Nos anos seguintes, Chaplin foi acusado de atividades antiamericanas e, para evitar a inclusão de seu nome na lista negra do macarthismo, preferiu o exílio e foi morar na Suíça. Fez, em 1952, em pleno macarthismo, o mais belo de seus filmes sentimentais. Carlitos já era uma página do passado. Havia virado Monsieur Verdoux e, em *Luzes da Ribalta*, virou Calvero, o velho palhaço que apadrinha uma bailarina e sofre, mas entende, quando ela se apaixona por um homem mais moço. Ele morre enquanto ela dança e, dessa maneira, Chaplin mostra a perenidade da arte. Existe, nesse filme, a cena do encontro de dois grandes do cinema silencioso, o próprio Chaplin e o lendário Buster Keaton, o homem que nunca ria, como artistas decadentes que compartilham o mesmo esquete no teatro. O tema de *Luzes da Ribalta*, 100% chapliniano, é que os homens, a despeito de sua pequenez, são capazes de grandes gestos. Ele ainda fez mais dois filmes – *Um Rei em Nova York (A King in New York)*, satirizando o macarthismo e a TV, em 1957, e *A Condessa de Hong Kong*, de 1966, com Sophia Loren e Marlon Brando, no qual aparecia como uma ruína, um velho palhaço triste. O humor ficava por conta da bela Sophia, repetindo, numa cena em que usa um pijama folgado, gestos essenciais de Carlitos.

Em 1972, Chaplin, que nunca havia recebido o Oscar, foi contemplado pela Academia de Artes e Ciências Cinematográficas de Hollywood com um prêmio honorário por sua extraordinária carreira. Foi um dos momentos mais emocionantes de toda a história do Oscar. Todo mundo se levantou no teatro para aplaudir, de pé, o homenzinho que havia sido vilipendiado 20 anos antes. O velho Chaplin era, então, um homem sereno. Sua vida muitas vezes se assemelhara à de seu personagem, num desses casos de simbiose completa e total. Chaplin, com seus problemas afetivos e sentimentais, era tão errante quanto Carlitos. Encontrou tardiamente a harmonia e a tranqüilidade com sua última mulher, Oona, filha do dramaturgo Eugene O'Neill. Ele já era um velho, ela era uma garota, marcada pela personalidade do pai famoso. Uma Electra, sem dúvida. Completaram-se, viveram uma linda história de amor e tiveram, entre muitos filhos, a atriz Geraldine Chaplin, que fez depois alguns dos filmes mais famosos do diretor espanhol Carlos Saura, quando foram casados.

Nenhuma história do cinema será completa sem um capítulo dedicado a Chaplin e ao que ele representou (representa, ainda). Chaplin teve mais importância na evolução da linguagem cinematográfica do que somos tentados a crer num primeiro momento. A idéia dominante consiste em colocá-lo um pouco à margem dos grandes revolucionários da linguagem: Griffith, Sergei Eisenstein, Orson Welles. Mas os primeiros filmes de Chaplin, comédias de uma e duas bobinas, ajudaram a criar e estabelecer os códigos da linguagem cinematográfica. Por isso mesmo, mais importante do que discutir os podres da vida do homem é analisar a (r)evolução de seu personagem, as fases pelas quais passa Carlitos e que revelam um grande senso prático das coisas por parte do ator e diretor.

Carlitos surgiu sob a marca de um anarquismo muito corrosivo, que foi sendo domesticado nos filmes seguintes. O ataque às instituições e o que elas representam em oposição ao sonho utópico do vagabundo são inicialmente explosivos. Mais tarde, ele fica domesticado e sentimental, sem que Chaplin perca o gênio. Continua vigilante e crítico, sempre um Quixote a combater dragões metamorfoseados em moinhos, para salvar órfãos e viúvas. A mudança é interessante para quem quiser analisar sua carreira que cobre (e ultrapassa) o primeiro meio século do cinema. Essa mudança pode ser explicada pela evolução do artista, mas também é conseqüência de sua preocupação com a aceitação de seus produtos pelo mercado.

Quando Chaplin pára de fazer cinema em definitivo, nos anos 1960, o mundo mudou. E não só o mundo: as mudanças de comportamento produziram transformações estéticas. Surgiram a Nouvelle Vague e o Cinema Novo, por exemplo. Nesse novo cinema, que queria ser revolucionário, o velho Chaplin parecia meio patético, com sua história cheia de qüiproquós sobre uma condessa russa clandestina num transatlântico de luxo, indo esconder-se na cabine de um diplomata americano. Chaplin flerta aí com certa idealização da geopolítica internacional. Seu filme nada tem a ver com a Realpolitik. Mas, quando se analisa a obra por inteiro, emerge a figura de um artista que foi universal, trabalhando num meio popular como o cinema. O homem podia até ser vil. O legado do artista, expresso no comovente discurso de *O Grande Ditador*, justifica a preocupação de Glauber, que via na morte de Chaplin um sintoma inquietante da morte do humanismo no século passado. A despeito de todos os modismos, a palavra de Chaplin e seu personagem Carlitos são eternos. Basta que se acredite no homem para que aquele vagabundo, que se afasta com a mulher na estrada de *Tempos Modernos*, seja a permanência de uma utopia que não pode ter morrido com o diretor.

Cidadão Kane, de Orson Welles

WELLES – O NÚMERO 1

Pouca gente sabe, mas Jean-Paul Sartre foi um dos primeiros e, talvez, o primeiro intelectual europeu a manifestar-se sobre *Cidadão Kane (Citizen Kane)*. No começo dos anos 1940, a França estava ocupada pelos nazistas, o governo colaboracionista de Vichy banira a produção americana das telas, e Sartre, em viagem aos Estados Unidos, viu o filme de Orson Welles. Enviou uma correspondência para a revista *Écran Français*. Difícil imaginar avaliação mais equivocada de um intelectual em relação a outro. Sartre bateu pesado em *Cidadão Kane*. Escreveu que o impacto que o filme de Welles havia provocado na América só podia ser explicado por conta do provincianismo americano. Negou a contribuição técnica do diretor e disse que só produzira imagens frias. Acusou Welles de ser um intelectual sem raízes e de não ter respaldo popular. Concluiu dizendo que não achava que o filme fosse um caminho a seguir.

Cidadão Kane é o caminho. Em 2002, uma enquete realizada nos Estados Unidos, com a participação de críticos americanos e ingleses, apontou, mais uma vez, o clássico de Welles como o melhor filme de todos os tempos. Roger Boussinot lembra, em sua enciclopédia de cinema, que *Cidadão Kane* foi definido, na época, como o filme que resumia 20 anos de história do cinema e apontava os 20 anos seguintes, que o cinema haveria de percorrer. Só 20? Já se passaram mais de 60 anos desde que *Cidadão Kane* irrompeu nas telas, e o filme continua fornecendo o bê-á-bá da linguagem cinematográfica. Já vimos, neste livro, que David Wark Griffith, convidado a assistir à pré-estréia de Cidadão Kane, disse que Welles, a quem tratou como cineasta "alemão", havia copiado tudo dele. Não só dele, é bom esclarecer.

Perguntaram certa vez a Orson Welles quem havia sido seu mestre. Ele respondeu: "John Ford, John Ford, John Ford". Quando Welles se preparava para realizar *Cidadão Kane*, Ford acabara de lançar seu primeiro grande *western*, No Tempo das Diligências *(Stagecoach)*, de 1939. Interpretado por John Wayne, como Ringo Kid, e Claire Trevor, como Dallas, o filme mostra uma diligência que percorre as planícies do Velho Oeste americano, perseguida pelos índios. Ford filmou em Monument Valley, que virou a Meca e a Medina do cinema de ação, em geral, e do *western*, em particular. Em seu interior, a diligência de Ford leva personagens que representam, na sua diversidade, a condição humana. Mas não foi por eles nem pelos atores que Welles se entusiasmou, transformando *No Tempo das Diligências* em obra de referência. Foi por outra coisa.

Welles se encantou com a técnica de Ford, pela maneira como o diretor usou uma diligência falsa, montada no estúdio, com teto baixo, para realçar o clima dramático. As dimensões do cenário de *No Tempo das Diligências* variam de acordo com a intensidade da cena. Foi a lição que Ford deu a Welles. William Wyler deu outra: pouco antes de *Cidadão Kane*, ele fez um filme adaptado do romance de Emily Bronte, *O Morro dos Ventos Uivantes (Wuthering Heights)*, também de 1939. Seu diretor de fotografia era Greg Tolland, o mesmo de Welles. Wyler, antes do diretor de *Cidadão Kane*, inventou a profundidade de campo, esse recurso que elimina a necessidade de focar ora o fundo, ora o primeiro plano, e cria um campo total. Parece pouca coisa, mas a sintaxe do cinema passou por uma verdadeira revolução por causa disso.

Na verdade, nem foi Wyler quem inventou a profundidade de campo, pois Griffith já intuíra sua utilização nas cenas do Congresso americano e na do assassinato do presidente Abraham Lincoln em *O Nascimento de Uma Nação (The Birth of a Nation)*, de 1915. Griffith também já introduzira o *flashback*, Ford contribuiu com a variação das dimensões do cenário, mas também não foi ele quem inventou o recurso. O julgamento de M. pelos criminosos, no desfecho de *M., o Vampiro de Dusseldorf (M. – Eine Stadt Sucht den Moerder)*, de 1931, usa o espaço para intensificar o drama, e, desta maneira, Fritz Lang também se soma aos diretores que forneceram a Welles o instrumental para que ele, sistematizando tudo, fizesse um dos filmes-faróis do cinema. Até *...E o Vento Levou*, que David Selznick superproduziu a partir do romance de Margaret Mitchell, comandando um batalhão de diretores e técnicos, contribuiu para o formato de *Cidadão Kane*. A grandiosidade do interior de Tara – a lareira imensa, a escadaria, maior ainda – antecipa o que Welles fez em Xanadu.

O cinema mudou muito desde *O Nascimento de Uma Nação* até chegar a *Cidadão Kane*. Os críticos gostam de citar os diretores que fizeram avançar a linguagem. Citam alguns, mas não todos. Para criar Carlitos, em suas comédias geniais, Charles Chaplin teve de proceder a uma série de inovações técnicas, visando à eficiência narrativa. E houve Rouben Mamoulian. Em 1933, ele fez o maior filme de Greta Garbo. Criou, com *Rainha Cristina (Queen Christina)*, uma obra cuja modernidade não cessa de nos surpreender. Existe o fascínio da própria personagem, feminista *avant la lettre*, que se veste de homem e proporciona a Garbo um grande papel para explorar sua sexualidade ambivalente. Na cena da estalagem, quando Cristina faz amor, desce do pedestal da rainha e vira mulher, Mamoulian, como Griffith em *O Nascimento de Uma Nação*, também antecipa Alain Resnais. Cristina levanta-se, olha tudo ao seu redor, toca nos objetos e, quando o amante lhe pergunta por que está fazendo aquilo, ela explica que está se aparelhando para guardar aquele quarto na lembrança. É a antecipação dos temas do imaginário e da memória, em filmes como *Hiroshima, Meu Amor (Hiroshima, Mon Amour)* e *O Ano Passado em Marieband (L'Année Dernière à Marienbad)*, de 1959 e 61. E não se pode esquecer, em *Rainha Cristina*, os *travellings* de aproximação e afastamento, que foram a maior contribuição de Mamoulian, substituindo o fechamento e a abertura de íris, tão usados no cinema mudo.

Quando Mamoulian fez *Rainha Cristina*, o cinema já falava e ele incorporou o som às suas pesquisas. Welles veio do teatro e

Foto do filme *Rainha Cristina*, de Rouben Mamoulian, com Greta Garbo

do rádio. Já revolucionara um e outro. Admira que o som seja tão importante em *Cidadão Kane*? Tomando-se o filme como o melhor de todos os tempos, chega a ser curioso que ele se estruture a partir de um artifício dramático. Num certo sentido, o enigma proposto por *Cidadão Kane*, o mais famoso do cinema, é *fake*. Logo no começo, o milionário Charles Foster Kane morre em seu refúgio de Xanadu. O espectador chega a ouvir quando ele pronuncia, pouco antes de morrer, a palavra-chave de sua vida, Rosebud. Para saber o que significa esse misterioso botão de rosa, um jornalista inicia sua enquete, entrevistando várias pessoas que conheceram Kane intimamente. Há aí um detalhe que costuma passar despercebido, de tão sutil. O espectador ouve quando Kane pronuncia a palavra, mas quando isso ocorre ele está sozinho em seu quarto. Mais tarde, haverá uma referência a Rosebud nos diálogos, mas será um tanto passageira, superficial.

Foto do filme *Rainha Cristina*, de Rouben Mamoulian, com Greta Garbo

Um artifício deflagra a narrativa de *Cidadão Kane*, outro a encerra. No final, o enigma está irresolvido, ninguém sabe o que significa Rosebud e aí, no último momento, o derradeiro movimento de câmera desvenda o mistério para o espectador. Só nós, o público, ouvimos a palavra Rosebud, no começo. Só nós, espectadores, sabemos o que ela significa, no desfecho. Talvez seja essa a maior de todas as ousadias de Welles em *Cidadão Kane*. Talvez seja a maior de suas sacadas, tocando mesmo no que vem a ser a essência do cinema. O filme só se completa no espectador. O diretor realiza o filme, conduz o olhar do público, na medida em que seleciona o que o espectador vai ver – alguns diretores chegam a construir tudo em estúdio, até o que seriam as externas das cenas, só para evitar interferência –, mas, no final, rigorosamente, todo esse esforço depende da leitura que será feita por quem vê o filme. Ele se modifica ao contato com o espectador.

Quando realizou *Cidadão Kane*, Welles ainda não era um homem de cinema. Sua fama de gênio contestador e irreverente surgiu no teatro, com suas montagens de Shakespeare: um *Macbeth* com elenco de negros, em 1936, um *Júlio César* com pretorianos vestidos como os camisas-negras de Benito Mussolini, em 1937. No ano seguinte, no dia 30 de outubro, Welles, então com 23 anos, colocou a América em polvorosa com sua adaptação radiofônica de *A Guerra dos Mundos*, de H. G. Wells. Ele tinha um horário de rádio-teatro, mas o público nem se lembrou. Sem avisar ninguém de que se tratava da dramatização do livro famoso, Welles começou a transmitir, como se fosse verdadeira – e com detalhes chocantes –, a hipotética invasão da Terra pelos marcianos. Foi o programa de rádio mais célebre já feito. Hollywood, por meio da RKO, impressionada com o impacto e a repercussão da ousadia hollywoodiana, contratou-o com carta branca para fazer o filme que quisesse, do jeito que quisesse.

Isso era inédito, já que os diretores, mesmo quando produziam os próprios filmes, eram todos subordinados aos estúdios, que podiam dispor do material deles. O próprio Welles, que morreu em 1985, aos 70 anos, dizia que *Cidadão Kane* foi o único filme que conseguiu fazer com inteira liberdade, ao longo de uma carreira com mais 13 títulos, aos quais se somam dois ou três que permaneceram inacabados e dos quais restam somente fragmentos (magníficos). Ele pensou primeiro em adaptar *O Coração das Trevas*, de Joseph Conrad, depois em outra adaptação, *The Smiler with a Knife*, de um romance policial menos prestigiado. Optou, finalmente, por *Cidadão Kane*, um roteiro original de Herman Mankiewicz. Há controvérsia sobre a autoria desse roteiro, vencedor do único Oscar recebido pelo filme em 1941: diante da revolução de Welles, a Academia de Hollywood, prudente, preferiu premiar *Como Era Verde o Meu Vale*, de John Ford, baseado no romance de Richard Llewellyn. Herman Mankiewicz, irmão do diretor Joseph L. Mankiewicz, o chamado cineasta da palavra, sempre disse que era seu único autor; Welles não só o contestava, como tendia a diminuir um pouco a importância do roteiro. Preferia lembrar que o trabalho de montagem de *Cidadão Kane* consumiu oito meses, durante os quais sua colaboração foi estreita com dois futuros diretores: Robert Wise e Mark Robson.

 O próprio Welles sempre alimentou outra lenda, a de que nada sabia sobre cinema, ao desembarcar em Hollywood. Bastaram-lhe algumas horas de aula prática com o diretor de fotografia Greg Tolland para que ele aprendesse tudo sobre a câmera. A partir do que já havia, Welles cooptou Tolland para o que queria fazer. Fizeram história. Ao transformar sua narrativa da vida de Charles Foster Kane num puzzle, um quebra-cabeça cujas peças vão sendo montadas pelo espectador, ele subverteu o método narrativo tradicional, com começo, meio e fim. Ao começar pelo fim, deixou claro seu objetivo desmistificador. O *flashback* já é, em si mesmo, um atestado de óbito. O homem que morre e cuja vida, a seguir, é dissecada por diferentes depoimentos não é uma figura qualquer. Kane é um magnata da imprensa, um formador de opinião, um manipulador de pessoas.

 Mais tarde, esse tipo de narrativa foi utilizado em outras tentativas célebres de desmistificação, aplicadas ao próprio universo do cinema: Vincente Minnelli usou o recurso no seu retrato de um produtor canalha (*Assim Estava Escrito/The Bad and the Beautiful*, de 1952), Joseph L. Mankiewicz, para revelar a verdade sobre Maria Vargas, a dançarina de rua que se tornou estrela em Hollywood e selou a própria morte ao escolher um príncipe impotente para virar a condessa Torlato-Favrini (*A Condessa Descalça/The Barefoot Contessa*, de 1954). Kane, na visão de Welles, é o americano como imperialista. Do puzzle armado pelo ator e diretor emerge o retrato de um homem que passou a vida manipulando os outros para se compensar de uma perda na infância. Isso é freudianismo, a rigor, elementar, mas não diminui em nada a densidade e riqueza do filme.

Como o próprio Welles dizia, nunca desfrutou tanta liberdade na realização de um filme. Era uma consolação antecipada para todos os problemas que nunca deixou de enfrentar nos filmes seguintes e até em *Cidadão Kane*, logo após a estréia. William Randolph Hearst, o todo-poderoso czar da imprensa americana, achou que Kane era ele e que Welles estava querendo atacá-lo, senão ridicularizá-lo. Valeu-se do próprio detalhe de Rosebud para provar sua tese: botão de rosa era como ele chamava a vulva de sua amante, a atriz Marion... Hearst iniciou uma campanha contra Welles, mobilizando sua assalariada, Louella Parsons, considerada a maior fofoqueira de Hollywood, para destruir a reputação do diretor. Até por isso, se *Cidadão Kane* trouxe a glória a seu criador – um gênio que, aos 25 anos, realizou o maior filme do cinema –, também foi motivo de maldição para ele. Welles ficou visado em Hollywood. A partir do segundo filme, *Soberba (The Magnificent Ambersons)*, foi como se todos, estúdios e produtores, tivessem se unido para destruí-lo. *Soberba* foi montado à revelia de Welles, quando ele estava no Brasil, realizando um filme que ganhou contornos kafkianos.

É preciso reportar-se a 1942. O mundo estava em guerra e, naquele ano, após o ataque japonês a Pearl Harbor, os

Estados Unidos romperam seu isolamento e declararam guerra aos países do Eixo. O governo de Washington estava preocupado com o que, a seus olhos, era o flerte de países como o Brasil com o nazi-fascismo. Por meio de embaixadas como a de Welles, num projeto conhecido como "política de boa vizinhança", o presidente Franklin Delano Roosevelt tentava conseguir a simpatia (e o apoio) de figuras controvertidas como o ditador brasileiro, Getúlio Vargas, que mais tarde, encerrado o capítulo do Estado Novo, voltaria ao poder, eleito democraticamente. Welles veio fazer no País um filme em esquetes, *It's all True*. Aproveitando a ausência do diretor, a RKO exigiu de Robert Wise que remontasse *Soberba*. Wise, o futuro diretor de *Amor, Sublime Amor (West Side Story)*, de 1961, e *A Noviça Rebelde (The Sound of Music)*, de 1965, estraçalhou o filme, na avaliação de Welles.

Houve atrasos na produção de *It's all True*, marcada por um incidente trágico. Welles resolveu incluir no filme a história do grupo que havia feito a viagem do Nordeste ao Rio de Janeiro utilizando uma jangada. Nessa embarcação precária, os pescadores percorreram milhares de quilômetros ao longo da costa brasileira, do Ceará até a antiga Capital Federal. Na reconstituição, em plena Baía de Guanabara, a jangada soçobrou e um dos homens morreu praticamente diante da câmera de Welles. Hollywood aproveitou tudo isso para esculpir a reputação do diretor perdulário e irresponsável. Essa aventura do grande artista no Brasil terminou virando uma espécie de obsessão para o diretor brasileiro Rogério Sganzerla, que dedicou dois longas ao assunto. *It's all True*, de Welles, *Nem tudo É Verdade*, de Sganzerla, de 1986. Há ressonância entre esses títulos.

Verdades e mentiras sempre acompanharam Welles. Viraram matérias-primas de sua criação. A derradeira obra-prima chamou-se justamente *Verdades e Mentiras (F for Fake)*, é de 1975 e toma carona no caso de Elmyr de Hory, para discutir a falsificação na arte e a arte como falsificação. Hory entrou para a história por haver falsificado quadros de Matisse, Modigliani, Picasso e Braque durante mais de duas décadas. Ganhou rios de dinheiro e virou celebridade cultuada no *jet set* internacional. Welles inspirou-se num documentário de François Reichenbach sobre Hory e acrescentou as próprias falsificações à do falsificador. É assim que ele conta como sua mulher, Oja Kadar, teria seduzido Picasso, virando modelo de toda uma fase do pintor e depois fugindo com os 22 quadros que a tiveram como modelo. Welles fez um filme repleto de pistas falsas, que já começa a enganar o espectador com sua aparência de documentário. Tudo isso serve como ponto de partida para que Welles discuta o que é falso, o que é verdadeiro, tema que está no centro de sua obra desde *Cidadão Kane*, e antes até, com *A Guerra dos Mundos*. Vale lembrar que *Cidadão Kane* tem dois prólogos: o primeiro, totalmente onírico, penetra nos domínios do personagem, em Xanadu, e conclui com o cristal que se quebra, representando sua morte; o segundo já é um falso documentário, no estilo dos cinejornais que hoje nem existem mais, mas marcaram toda uma época do cinema.

Verdades e Mentiras, filme de Orson Welles

Sem dinheiro e sem liberdade, mas reverenciado como um dos gênios fundadores da linguagem cinematográfica, Welles iniciou, ainda nos anos 1940, a sua carreira como andarilho internacional. Percorreu os quatro cantos do mundo e fez, como ator, filmes insignificantes, usando o dinheiro para financiar sua obra de diretor. Alguns desses filmes tornaram-se marcos. *A Dama de Shanghai (The Lady from Shanghai)*, de 1946, com a então mulher do diretor, Rita Hayworth, traz a cena do tiroteio na galeria de espelhos, muitas vezes imitada, mas nunca igualada; *Otelo*, de 1949-51, ganhou a Palma de Ouro em Cannes, concorrendo sob a bandeira do Marrocos; *A Marca da Maldade (Touch of Evil)*, de 1958, abre-se com o extraordinário plano-seqüência que retoma procedimentos técnicos e estéticos usados pelo diretor em *Soberba*. De novo, seu trabalho foi arruinado pelo estúdio. Desta vez, foi a Universal que remontou o material à revelia do diretor. Só recentemente, a restauração de *A Marca da Maldade* devolveu ao filme seu formato original, permitindo avaliar corretamente essa contradição tão wellesiana. Seu cinema de situações em bloco, à base de movimentos de câmera, tomadas com profundidade de campo e sem cortes, reduzem ao mínimo a fragmentação do real, respeitando o fluxo dos seus fenômenos e a multiplicidade de seus pontos de vista. O contraditório é que Welles com freqüência usa esse método realista para falar sobre a manipulação e o artifício.

Todos os seus filmes revelam a influência do expressionismo na iluminação, mas Welles nunca foi mais expressionista do que em *O Processo (Le Procès)*, sua adaptação de Franz Kafka, em 1962. O expressionismo, aqui, vai além da fotografia. Atinge o

A Marca da Maldade, de Orson Welles

décor, que revela, por momentos, uma dimensão caligaresca para tornar tangível, na tela, a angústia de Joseph K. E é curioso como o diretor aparentemente se mantém fiel ao texto original – os mesmos personagens, as mesmas situações, as mesmas falas pesadas e ansiosas – para subverter completamente o sentido do processo kafkiano. O personagem de Kafka é uma pobre vítima à mercê de um obscuro destino econômico, religioso e social, que o persegue e aniquila. O de Welles, como sempre no diretor, percorre uma estrada de surpresas e imprevistos até atingir uma parcela, que seja, da verdade. Isso permite ao Joseph K wellesiano desviar a acusação que é feita contra ele para os mecanismos corruptos da própria sociedade que quer condená-lo.

Ator de quase todos os seus filmes, Welles criou, desde Kane até o Quinlan de *A Marca da Maldade* e o acusador de *O Processo*, uma galeria inesquecível de personagens absolutistas e dominadores. O último avatar de todos eles é o milionário que, em *A História Imortal (L'Histoire Immortelle)*, de 1968, uma delicada adaptação de Isak Dinesen, contrata um marinheiro para reconstituir a história de amor de sua juventude. Como escreveu Danny Peary em seu livro *Cult Movies*, os personagens típicos de Welles são todos grandes homens, mas nenhum deles age nobremente para consolidar o trono de seu reino particular. Após a morte do ator e diretor, seu mito não cessou de crescer. Há um perene *revival* de sua obra. Os filmes são restaurados, surgem novas versões "integrais" que o autor não está mais vivo para autorizar ou não (e ele certamente não autorizaria o que os montadores fizeram com *Don Quixote*, por melhores que sejam certos fragmentos da obra que nunca concluiu). Há uma admiração sem limites por Welles. O homem e o artista estão sempre conquistando novos admiradores para suas verdades e mentiras.

NEO-REALISMO – O SOCIAL, ACIMA DE TUDO

Ladrões de Bicicletas, de Vittorio de Sica

Talvez seja possível traçar um quadro da evolução do neo-realismo só a partir da utilização que os diretores italianos fizeram da atriz Anna Magnani: Roberto Rossellini em *Roma, Cidade Aberta*, Luchino Visconti em Belíssima, Pier Paolo Pasolini em *Mamma Roma* e Federico Fellini em *Roma de Fellini*. Não por acaso, são filmes que cobrem quatro décadas da vida italiana, realizados nos anos 1940, 50, 60 e 70. Mas, antes de falar sobre Anna, é preciso explicar o que foi o neo-realismo. Os críticos gostam de dizer que o neo-realismo, como o próprio cinema, tem data de nascimento. Irrompeu na Itália, depois da II Guerra Mundial. O país, derrotado, olhou para dentro de si mesmo, e o cinema serviu como espelho do que viu. Só que, ao contrário do pessimismo alemão, que produziu o expressionismo, após a I Grande Guerra, o olhar mais generoso dos italianos criou um movimento baseado na esperança. A Itália, por meio de seu cinema, quis acreditar no renascimento. E surgiu o neo-realismo.

A data que os críticos e historiadores tomam como referência para o surgimento do neo-realismo é 1945, quando Rossellini concluiu *Roma, Cidade Aberta*. O termo, porém, surgiu pela primeira vez em 1942, empregado pelo crítico Umberto Barbaro na revista *Cinema*, que reunia a nata da intelectualidade italiana. Eram todos de esquerda, mas por um desses caprichos da sorte, ou da história, eram protegidos do irmão do ditador fascista Benito Mussolini. Diante de filmes como *O Coração Manda (Quattro Passi Tra le Nuvole)*, de Alesandro Blasetti, *A Culpa dos Pais (I Bambini Ci Guardano)*, de Vittorio De Sica, e *Obsessão*, de Luchino Visconti, Barbaro, um crítico de formação marxista, saudou o novo realismo que irrompia no cinema italiano.

Ao criar a expressão, ele não queria se referir apenas à autenticidade da visão humana e artística desses filmes, mas também definir o conceito de um cinema engajado, politicamente, no quadro de um movimento que pretendia ser revolucionário por ser profundamente antifascista. Quatro anos mais tarde, a explosão internacional de *Roma, Cidade Aberta* impôs internacionalmente o neo-realismo, mesmo que o filme não tenha feito muito sucesso na Itália. As origens do movimento, porém, são muito anteriores. O primeiro filme neo-realista havia sido feito 30 anos antes. *Perditi nel Buio*, de Nino Martoglio, é de 1914, anterior a *O Nascimento de Uma Nação*, de David Wark Griffith. No ano em que começou a I Guerra Mundial, Martoglio fez seu filme que tem raízes na literatura, na escola verista inaugurada pelo escritor Giovanni Verga.

Seria outra a história se o cinema italiano tivesse prosseguido na via inaugurada por *Perditi nel Buio*, mas veio o fascismo, e a opção foi outra. O fascismo adotou os épicos espetaculares ou então os filmes que eram chamados de "telefones brancos" e que não eram outra coisa senão comédias e dramas alienados e alienantes, sem raízes na realidade. Só nos anos 1940, com o neo-realismo, o cinema italiano retomou a vertente naturalista de Verga. Durante muito tempo ele foi conhecido apenas como autor do libreto da ópera *Cavalleria Rusticana*, de Piero Mascagni. Foi muito mais que isso: seu romance *I Malavoglia*, que Visconti sempre quis filmar, costuma ser apontado como a maior contribuição da Itália ao romance europeu do século 19. Há ecos de *I Malavoglia* na descrição que Visconti faz da vida medíocre de pessoas comuns, dominadas por suas paixões, em *Obsessão*, mesmo que a origem do clássico de 1942 seja o romance *O Destino Bate à Sua Porta*, de James Cain, que Hollywood filmaria pela primeira vez naquela mesma década.

Houve uma espécie de divórcio entre o público e a crítica quando *Roma, Cidade Aberta* chegou aos cinemas. O público não quis pagar para ver sua miséria refletida na tela. Os intelectuais é que perceberam, imediatamente, a importância não só daquele filme, mas de outros também produzidos dentro dos mesmos cânones do que terminou sendo identificado como uma escola. Da Itália, o neo-realismo ganhou o mundo, influenciando cineastas tão diversos quanto Nelson Pereira dos Santos no Brasil (*Rio 40 Graus*), Fernando Birri na Argentina (*Los Inundados*) e Satyajit Ray na Índia (*O Mundo de Apu*). Muitos críticos sustentam que nunca houve uma identificação humanista tão grande no cinema. Ao contrário do delírio cenográfico e da alucinação imagística do expressionismo alemão, o neo-realismo italiano deu voz ao homem comum, do povo.

O neo-realismo não é só uma estética. É, também, e talvez seja principalmente, uma ética. Problemas do cotidiano – a fome, o desemprego, a dificuldade de sobreviver – foram os temas preferidos dos diretores neo-realistas. Era um cinema social. As angústias existenciais e metafísicas só começaram a surgir mais tarde, quando a Itália já conseguira se reerguer economicamente. Para conter o avanço comunista, os americanos despejaram seus dólares na Europa, por meio do Plano Marshall, consolidando um modelo industrial e burguês. Como espelho da realidade, o neo-realismo teve de mudar. Essas mudanças não se fizeram sem polêmica. Muitos críticos queriam manter o cinema atrelado aos cânones mais ortodoxos do movimento. Mal comparando, é o que ocorre no Brasil no começo dos anos 2000: há pesquisadores que continuam cobrando a fidelidade dos diretores à estética da fome do Cinema Novo. Vêem uma cosmética da fome em tudo que não seja, ortodoxamente, aquele modelo de cinema. Na Itália ocorreu a mesma coisa. Havia os que queriam manter o neo-realismo engessado em certos princípios. Os próprios diretores, De Sica, Rossellini, Visconti, assumiram o risco de mudar. Hoje, com a perspectiva histórica, pode-se dizer que estavam certos e que o cinema italiano foi enriquecido com isso, mas essa mudança não se fez sem sobressaltos, no começo dos anos 1950.

Uma ética e uma estética. Para representar na tela o país que renascia, que se descobria, os diretores desenvolveram uma estética elaborada a céu aberto, baseada na carência material e na qual a improvisação e a pobreza desempenharam um papel fundamental. Foi por isso que o neo-realismo se tornou tão atraente e virou modelo para as cinematografias periféricas. Um novo mundo estava surgindo dos escombros da II Guerra Mundial, uma nova configuração geopolítica baseada em alinhamentos em relação às duas potências básicas, os Estados Unidos e a União Soviética. Nesse quadro, as cinematografias nacionais emergiam e tentavam impor-se, num projeto que seria fortalecido nos anos 1960.

Nesse processo, a herança do neo-realismo seria fundamental, mostrando que o cinema não necessita de recursos hollywoodianos para se afirmar. Astros, estrelas, malabarismos técnicos. Tudo isso pode servir a um projeto hegemônico, industrial, de cinema, como é o de Hollywood. Mas se o compromisso era com a identidade nacional, com a realidade humana e social de cada país, o neo-realismo revelou-se uma fonte inesgotável de inspiração. Rossellini fez *Roma, Cidade Aberta* com o filme virgem de que pôde dispor. Há diferenças de qualidade evidentes ao longo do filme, mas elas não diminuem em nada o impacto produzido por cenas como o fuzilamento da personagem de Anna Magnani, ou de Aldo Fabrizzi, como o padre. A precariedade material também se revela em *Ladrões de Bicicletas*, mas não é ela que dá a medida da grandeza do filme de Vittorio De Sica, de 1948. O que interessa, em ambos os casos, é a dimensão do humano: o rosto de Anna Magnani, o olhar precocemente envelhecido do menino Enzo Staiola, quando ele aperta a mão do pai no desfecho de *Ladrões de Bicicletas*, dando-lhe apoio para suportar a vergonha de ser apontado como ladrão.

Num texto muito bonito de seu livro *As Fronteiras do Cinema*, o crítico baiano Walter da Silveira escreveu – em *O Cinema como Instrumento do Humanismo* – que, no neo-realismo, a necessidade de linguagem era uma conseqüência da própria necessidade de existência. Nada define melhor a escola que venceu barreiras e fronteiras. Seus mestres foram Rossellini e De Sica. Ambos tiveram grandes parceiros: o roteirista Sergio Amidei para o primeiro, o roteirista Cesare Zavattini para o segundo. Rossellini desdramatizou o roteiro, mostrou que ele não era a peça essencial defendida pelo cinema industrial. Ao misturar arte e vida, ele celebrou na tela seu romance com Ingrid Bergman, transformando a grande estrela de Hollywood numa mulher comum em filmes como *Romance na Itália*, que Jean-Luc Godard, nos seus tempos de crítico, defendia como a pedra de toque do cinema moderno.

Rossellini é a chave de tudo. Filtrado por Serguei Mihailovitch Eisenstein, resulta em Alain Resnais e suas pesquisas de tempo e espaço, que criam um imaginário com base na montagem. Filtrado por Alfred Hitchcock, produz François Truffaut, que buscou, em seu projeto de cinema, o equilíbrio entre improvisação e controle da imagem, entre amadorismo e profissionalismo, entre a impulsividade dos gestos e a palavra consciente. É nele que bebe Jean-Luc Godard para sua grande revolução dos anos 1960. Rossellini é Deus, De Sica é o papa. A partir de um certo momento – *Duas Mulheres*, em 1961 –, ele se comercializou e até negou um postulado fundamental de seu cinema, fazendo filmes para o estrelismo de Sophia Loren. Na sua grande fase, De Sica privilegiava os não-profissionais. Lamberto Maggiorani e Enzo Staiola em *Ladrões de Bicicletas*, Carlo Battista em *Umberto D.*, de 1951.

É uma das grandes obras do cinema da solidão e da velhice. Forma quase um díptico com *Morangos Silvestres*, de Ingmar Bergman, de 1957. São dois retratos de velhos solitários que se purgam, de diferentes formas, dos problemas criados pela vida sem amor. Um, De Sica, trabalha o drama no social, o outro, Bergman, na psicologia. Recusando todo tipo de efeito, *Umberto D.* vai além do neo-realismo e talvez seja a concretização definitiva do realismo total preconizado pelo escritor Zavattini. Nada, além da vida como ela é, sem artifícios cênicos, sem melodrama, sem música. Só aquele olhar triste de velho, a sua devoção ao cachorro, único companheiro. A partir de *Duas Mulheres*, De Sica renega tudo isso. O filme retoma a temática da II Guerra Mundial, é feito em preto-e-branco, num estilo que parece, inicialmente, documentário, como se o diretor estivesse voltando às fontes do neo-realismo. E, então, De Sica faz aqueles planos imensos dos olhos e do rosto de Sophia Loren. Introduz o divismo da Loren. O filme resultou melhor para ela, que ganhou o prêmio de melhor atriz no Festival de Cannes.

Definindo o neo-realismo, Rossellini disse que era uma posição moral, mais do que um sistema estético. Comprometido em colocar na tela o sofrimento humano, o movimento poucas vezes se voltou para a comédia. Quando isso ocorreu, em 1950, um ano antes de *Umberto D.*, De Sica fez *Milagre em Milão*. É a versão ingênua, quase infantil, de *O Idiota*, de Dostoievski. Uma velha encontra um bebê no lixo. Vira Totó, o bom, um Cândido que a todos quer amar e ajudar. Quando não consegue, a velha, que morreu, desce à Terra em forma de anjo, para ajudá-lo a operar milagres. Totó cria uma utopia, mas as contradições humanas são tão grandes que não há milagre que consiga resolver todos os problemas, para que o paraíso se instale na Terra e a humanidade viva feliz. É uma sátira social permeada de fantasia e feita com muito amor. Francesco Golissano é ótimo como Totó, mas a figura inesquecível de *Milagre em Milão* é Brunella Bovo. No ano seguinte, ela interpretou o primeiro filme-solo de Federico Fellini, *Abismo de Um Sonho*, no papel daquela mulher que aproveita a viagem de lua-de-mel a Roma para conhecer o papa, e foge do marido para tentar encontrar-se com o "xeque branco", protagonista de sua fotonovela preferida. A crítica americana Pauline Kael matou a charada ao escrever (em *Kiss Kiss, Bang Bang*) que Brunella, no filme de De Sica, é tudo aquilo que as heroínas de Charles Chaplin na série com Carlitos deveriam ter sido – mas não foram.

Nos anos 1950, sob o peso das mudanças econômicas e sociais operadas na Itália, o neo-realismo muda. Visconti provoca escândalo ao distanciar-se do naturalismo de Verga e manifestar seu amor pelo melodrama e pela ópera em *Sedução da Carne (Senso)*. No mesmo ano, 1954, novo escândalo: Fellini ganha o Leão de Ouro no Festival de Veneza com *La Strada*, lançado no Brasil ora como *A Estrada da Vida*, ora como *A Estrada*. Os neo-realistas acusaram o diretor de trair sua estética, os católicos viram no filme uma exaltação da espiritualidade cristã. *As Noites de Cabíria* reafirma essa opção de Fellini. O filme de 1957 é interpretado pela mesma atriz que fazia Gelsomina em *La Strada*, a mulher do diretor, Giulietta Masina. Cabíria é uma das mais extraordinárias criações fellinianas. Carrega a pureza d'alma de quem veio ao mundo para se extinguir. Sua trágica inocência, escreveu Antônio Gonçalves Filho, é também sua condenação.

Com Visconti, o neo-realismo vira história. Ele entrará pelos anos 1960 assinando uma série impressionante de obras-primas: *Rocco e Seus Irmãos*, o mais belo dos filmes, *O Leopardo*, *Vagas Estrelas da Ursa*. Fellini também entra na década com dois filmes-faróis: *A Doce Vida* e *Oito e Meio*. Com ele, o neo-realismo vira realismo interior. A opção do diretor é pelo interior das pessoas, pela sua angústia existencial, que também interessa a Michelangelo Antonioni. Ao longo de toda a década de 1950, Antonioni esculpe sua obra baseada na dissecação dos sentimentos. A partir de 1959, com a trilogia da solidão e da incomunicabilidade, formada por *A Aventura*, *A Noite* e *O Eclipse*, realiza o que o crítico Guido Aristarco chama de "o anti-romance cinematográfico". Paralelamente, uma vertente mais popular produziu uma série de comédias – *Pão, Amor e Fantasia*, de Luigi Comencini, e suas derivadas –, que compõem o que se chama de "neo-realismo róseo".

O neo-realismo pode ter mudado, mas suas lições não foram relegadas ao esquecimento. Os primeiros filmes de Pier Paolo Pasolini, *Desajuste Social (L'Accatone)* e *Mamma Roma*, de 1961 e 62, propõem uma reinterpretação do neo-realismo, submetendo-o a uma leitura que levou ao desenvolvimento do projeto de cinema de poesia do autor, que ele opunha ao cinema narrativo tradicional, de "prosa". Pasolini foi o Glauber Rocha da Itália, uma personalidade polêmica, mais interessante como catalisadora de debates do que pelos filmes que realizou. Seu roteiro para *As Noites de Cabíria*, de Fellini, e dois filmes que ele próprio assinou, *O Evangelho segundo São Mateus* e *Teorema*, estruturam-se em torno ao tema do sacrifício e propõem enfoques no mínimo instigantes sobre o conflito entre o consumismo do mundo laico e a busca de uma espiritualidade pelo homem. Três décadas mais tarde, nos anos 1990, Nanni Moretti fez um filme confessional, chamado *Caro Diário*. Interpretando o próprio papel, de um diretor hipocondríaco que se trata de um câncer, ele percorre com sua câmera um solo sagrado do cinema italiano e vai à ilha de Stromboli, em busca da lembrança de Roberto Rossellini e Ingrid Bergman, no filme que marcou o início da parceria entre os dois. Encontra inativo o vulcão cuja erupção era um símbolo do sagrado para Rossellini. Essa inatividade seria, para Moretti, uma metáfora aplicada ao próprio neo-realismo, no quadro da nova produção italiana?

E voltamos ao início, a Anna Magnani. Já era uma profissional quando fez *Roma, Cidade Aberta*. Também se

Mamma Roma, de Pasolini

pode acusar Rossellini de ceder a um certo divismo, porque a corrida de Anna para a morte naquele filme é um daqueles momentos de arrepiar. Ela grita, chora: uma interpretação para o Oscar. Em 1951, Visconti faz de Anna a mãe que quer, a todo custo, transformar a filha numa estrela de cinema. O filme é *Belíssima* e, na cena mais importante, Anna vai para a frente do espelho e pergunta: o que é representar? Como certas pessoas têm essa capacidade de dar vida, usando o próprio corpo, aos dramas dos outros? E a personagem diz que seria incapaz disso. A personagem, não a atriz. Em 1962, Pasolini apossa-se do mito. Ele é fundamental na criação dessa prostituta conhecida como mamma (mãe) Roma. Pasolini cria o neo-neo-realismo. Dez anos mais tarde, é de novo o mito que interessa a Fellini.

Em *Roma de Fellini*, a câmera penetra numa ruela e segue o movimento de uma mulher que vai entrar em casa. Ouve-se a voz do próprio Fellini, que exalta essa mulher e a compara à própria *lupa*, a loba que alimentou os gêmeos Rômulo e Remo, no mito fundador de Roma. A mulher volta-se, é Anna Magnani. Faz um gesto de desdém com a mão e manda Fellini andar. "Vai dormir, Federico." Naturalmente que nada daquilo é autêntico. É e não é. É *fake*, mas a arte de Fellini, a partir de *Oito e Meio*, marco divisor de seu cinema, é assim mesmo. O real continua a ser uma fonte de inspiração para o artista, mas é um real transfigurado pelo imaginário.

Belíssima, de Visconti

Pode ser que essa homenagem tardia de Fellini à grande arte de Anna Magnani fosse uma maneira de exorcizar um fantasma que o atormentava, como diretor. Foi para Anna que Fellini escreveu o papel de Cabíria, no filme afinal interpretado por sua mulher, Giulietta Masina. A negativa partiu da atriz, ao ler o roteiro. Não que não tivesse gostado de *As Noites de Cabíria*. Mas Anna, lúcida, observou a Fellini que ninguém acreditaria que uma mulher como ela, com seu temperamento, pudesse ser presa no banheiro por um ator canalha. A maneira como os diretores usaram Anna Magnani nos 27 anos prodigiosos que vão de *Roma, Cidade Aberta* a *Roma de Fellini* espelha todas as mudanças que ocorreram no cinema italiano. Essa mulher tinha a cara da Itália, era a encarnação da própria Roma. O neo-realismo mudou, mas o cinema italiano continuou comprometido com seu povo, sua cultura. Anna, se não tivesse existido, teria de ter sido inventada.

No Tempo das Diligências, de John Ford

JOHN FORD – O HOMERO DO WESTERN

"John Ford, John Ford, John Ford." É preciso lembrar as circunstâncias em que Orson Welles deu a sua célebre definição de quem seriam os três maiores diretores do mundo. Foi no fim dos anos 1940, na França. As teorizações de críticos como André Bazin levaram a um confronto entre Ford e William Wyler, outro famoso veterano de Hollywood. Bazin favorecia o que chamava de jansenismo da *mise-en-scène* de Wyler, destacava, por seu realismo, a profundidade de campo que o cineasta gostava de usar e a opunha à montagem invisível que identificava como marca do estilo fordiano. Perguntado por um repórter, Welles fez sua clara opção por Ford. Reconhecia, dessa maneira, ter bebido na fonte de *No Tempo das Diligências (Stagecoach)*, o *western* de 1939 que ultrapassou a fronteira do gênero para virar um marco de todo o cinema. Welles afirmava ter visto quase 40 vezes *No Tempo das Diligências*, absorvendo tudo sobre as dimensões do cenário que Ford utilizava para conduzir a ação dentro do carro em movimento. E olhem que Welles também tinha uma dívida com Wyler, já que o diretor de *O Morro dos Ventos Uivantes (Wuthering Heigths)*, de 1939, foi um dos precursores do campo total que costuma ser apontado como a principal inovação técnica e estética de *Cidadão Kane*. Wyler foi precursor, sim, mas antes dele também o David Wark Griffith de *O Nascimento de Uma Nação (The Birth of a Nation)*, de 1915, como já vimos.

Há um mito John Ford, que foi comparado, como criador de epopéias, a Homero. Ford seria o Homero das pradarias, identificado como tal por sua preferência pelo *western* como território de criação de lendas. O próprio Ford admitia-o. No começo dos anos 1950, em pleno macarthismo, realizou-se uma reunião de diretores, convocada por Cecil B. de Mille, que queria tirar de seus pares uma posição conjunta de apoio à caça às bruxas desencadeada pelo senador McCarthy. De Mille estava quase convencendo os colegas quando um sessentão, usando tapa-olho, levantou-se e pediu a palavra. O que disse faz parte da lenda. Começou dizendo: "Meu nome é John Ford e eu faço *westerns*". Prosseguiu demolindo a proposta de delação de De Mille.

Era velho, era conservador, mas professava um democratismo com raízes profundas na sua vida de homem e atividade de diretor. Como poderia ser de outra maneira? A imagem idealizada de Abraham Lincoln percorre a obra fordiana e funciona como uma espécie de superego ideológico do artista. No fim dos anos 1930, fez *A Mocidade de Lincoln*

(Young Mister Lincoln), com Henry Fonda, mostrando como o jovem advogado do interior dos Estados Unidos iniciou a trajetória que o levou à Presidência. Nos anos 1960, quando fez *Crepúsculo de Uma Raça (Cheyenne Autumn)*, sobre o ocaso dos indígenas americanos, é no retrato do presidente Lincoln que se reflete a imagem do secretário Schultz, interpretado por Edward G. Robinson, quando ele, amargamente, diz que é preciso fazer até o impossível para salvar o que resta da cultura indígena na América.

Talvez essa visão romantizada de um Ford maior que a vida seja somente parte de uma lenda. Pode ser, mas o próprio Ford, em O *Homem Que Matou o Facínora (The Man Who Shot Liberty Valance)*, de 1962, levou o editor de jornal interpretado por Edmund O'Brien a dizer a frase que vale como súmula de sua obra: "quando a lenda se torna fato, publica-se a lenda." Parafraseando O'Brien, pode-se dizer que a verdade dos fatos interessa menos para Ford que a sua versão sobre eles. Voltou-se com freqüência, ao longo de sua obra, para o passado, mas não o fez com o rigor do historiador. Ford, o Homero de Hollywood, o patriarca do cinema, quatro vezes vencedor do Oscar de direção, foi, acima de tudo, um criador de mitos.

Reais ou fictícios, seus filmes celebram caubóis, pistoleiros, caciques, índios, pugilistas, prostitutas, fugitivos, todo tipo de excluídos. Pois essa é a outra característica decisiva do diretor. Se ele foi o Homero das pradarias, a narrativa épica que construiu foi a de uma singular odisséia. Os filmes de Ford, e não apenas os *westerns*, tratam sempre da odisséia de grupos. Desempregados em *Vinhas da Ira (The Grapes of Wrath)*, de 1940, pioneiros em *Caravana de Bravos (Wagon Master)*, de 1950, índios em busca de suas raízes em *Crepúsculo de Uma Raça*, de 1964. Os grupos interessam a Ford, mas no maior de todos os seus filmes, aquele pelo qual teria de ser lembrado, se fosse necessário escolher um só título de sua filmografia, ele esqueceu o grupo para se concentrar na história de um individualista. *Rastros de Ódio (The Searchers)*, de 1956, narra a tragédia de um solitário, o Ethan Edwards interpretado por John Wayne. É nesse filme que a eterna busca de raízes do personagem fordiano atinge sua dimensão mais comovente. Na maioria das vezes, eles buscam a terra, para estabelecer, na ligação com ela, a sua identidade. Em *Rastros de Ódio*, Hank Worden quer apenas uma cadeira de balanço ao fim de sua jornada.

Rastros de Ódio, de John Ford

Foi uma longa carreira, que começou ainda no cinema mudo, quando ele dirigiu uma quantidade imensa de filmes, especialmente *westerns* com Harry Carey, Buck Jones, Tom Mix e George O'Brien. Terminou oficialmente em 1966, quando Ford, que havia feito numerosos filmes narrando aventuras só de homens (*Men Without Women*, de 1930, *A Patrulha Perdida/The Lost Patrol*, de 1934, *A Longa Viagem de Volta/Long Voyage Home*, de 1940, e outros), fez sua primeira *women's picture*, centrando o relato nas personagens femininas que se digladiam numa missão católica na China, prestes a ser invadida em meio à situação de guerra civil de 1935. O "oficialmente" justifica-se porque da filmografia de Ford ainda constam dois filmes pouco conhecidos: o curta *Chesty*, que ele teria feito para TV, em 1970, e o documentário *Vietnam, Vietnam*, que supervisionou, em 1971. Ele nasceu

Sean Aloysius O'Fearna no Maine, em 1895, contemporâneo do próprio cinema, se tomarmos como referência a primeira exibição pública do cinematógrafo dos irmãos Lumière, naquele mesmo ano.

Descendente de irlandeses, foi para Hollywood, nos anos 1910. Lá já estava estabelecido seu irmão 13 anos mais velho, o diretor e roteirista Jack Ford. Sean Aloysius virou então John Ford. Nunca deixou de carregar a Irlanda no coração. Em 1952, recebeu o quarto Oscar de melhor diretor pelo mais irlandês de seus filmes: *Depois do Vendaval (The Quiet Man)*. Numa Innisfree de sonho, o mestre ambientou o que não deixa de ser sua versão de *A Megera Domada*, criando cenas incorporadas em definitivo ao imaginário cinematográfico: a briga monumental entre John Wayne e Victor McLaglen, a lua-de-mel homérica na sua impetuosidade, quando Wayne, como Sean Thornton, atira Mary Kate Danaher (Maureen O'Hara) na cama e a quebra, o que provoca no dia seguinte comentários maliciosos sobre o que deve ter sido a primeira noite do casal.

Antes desse filme, Ford já havia recebido três Oscars de direção: em 1935, por *O Delator (The Informer)*, que também foi melhor filme; em 1940, por *Vinhas da Ira*, mas aí o melhor filme foi *Rebecca, a Mulher Inesquecível*, de Alfred Hitchcock; e no ano seguinte por *Como Era Verde o Meu Vale*, que acumulou de novo o prêmio de melhor filme. Quando recebeu sua quarta estatueta, não houve a contrapartida do melhor filme para *Depois do Vendaval*. O melhor filme, naquele ano, foi justamente *O Maior Espetáculo da Terra (The Greatest Show on Earth)*, do diretor com quem Ford se desentendera no episódio do macarthismo, Cecil B. de Mille. Quatro prêmios e nenhum deles por um *western*, o gênero pelo qual o grande cineasta gostaria de ficar conhecido. Talvez não exista prova melhor do que essa de que o gênero, a *horse opera*, pode ter sido uma tendência forte no cinema americano, mas foi sempre alvo de preconceito por parte da academia.

O primeiro Oscar, por *O Delator*, baseado no romance de Liam O'Flaherty, premiou uma experiência expressionista que está longe de representar o melhor do diretor. Irrompera em sua obra, dois anos antes, com *Four Seasons*, um filme no qual diversos críticos gostam de identificar a marca daquele expressionismo que Friedrich Wilhelm Murnau levara para Hollywood e exercitara, em 1927, com o sublime *Aurora (Sunrise)*. Se o prêmio, já naquela época, fosse honesto, Ford teria sido premiado por outro filme feito no mesmo ano e muito mais integrado no estilo e no universo ficcional do artista, *Steamboat Round the Bend*. Interpretado por Will Rogers, era um dos raros filmes do cineasta que ainda permaneciam inéditos no Brasil. Estreou tardiamente na TV paga, em 2001, com o título de *Nas Águas do Rio*, quando o Telecine Classic, o canal de clássicos da Net/Sky, promoveu uma retrospectiva formada por filmes raros de Ford.

Já no sexto *western*, em 1917, ele definira, a partir do próprio título, o que seria a essência do seu estilo: *Straight Shooting*. Filmava pouco, sem ensaiar com os atores e adorando improvisar. Em seus filmes, a câmera fica quase sempre imóvel, os closes são reduzidos e as panorâmicas, descritivas. Também dispensava firulas na montagem, como se já tivesse, ao filmar, a armação da cena pronta na cabeça. Por isso mesmo praticava a tal montagem "invisível" a que se referiu André Bazin, quando, em má hora, preferiu o jansenismo de Wyler. Não que Wyler não merecesse respeito, mas era o que já se convencionou chamar de "estilista sem estilo", atado às qualidades do roteiro, que Ford desdenhava. É famosa uma história que mostra o apreço que o diretor tinha pelo *script*: certa vez, ele atrasou uma filmagem, e apareceu um executivo do estúdio cobrando-lhe um certo número de páginas que não teriam sido rodadas, para que a produção entrasse no cronograma. Ford simplesmente arrancou as páginas, jogou-as no lixo e disse: "Agora estamos no cronograma".

Em 1926, com *Three Bad Men*, estabeleceu o que os críticos consideram a base do seu folclore privado. Em 1930, com *Men Without Women*, seu primeiro filme sonoro, ousou fazer *travellings* com as pesadas câmeras disponíveis na época. Em 1936, com *Maria Stuart (Mary of Scotland)*, não apenas tomou o partido da rainha da Escócia contra Elizabeth, da Inglaterra, como antecipou, nas cenas do julgamento, com as dimensões conferidas ao cenário – o púlpito, o teto –, boa parte das inovações que seduziram Orson Welles em *No Tempo das Diligências*. Embora usasse uma venda no olho – característica que compartilhava com o expressionista Fritz Lang e com outro especialista da ação e do *western*, Raoul Walsh –, Ford possuía um senso plástico inato que se manifestava em cenas de grande beleza visual. Somava a todas essas características outra não menos importante: gostava de trabalhar com os mesmos atores, formando o que os críticos chamam de "Ford stock company", uma companhia de repertório formada por atores e atrizes sempre prontos a atender ao seu chamado.

John Wayne foi o mais fordiano dos atores, interpretando desde o Ringo Kid de *No Tempo das Diligências* até o Tom Doniphon de *O Homem Que Matou o Facínora*, passando pelo Ethan Edwards de *Rastros de Ódio*. Foi por meio desse ator que Ford expressou na tela o seu tema preferido: o cinema de Ford celebra a glória dos vencidos, a grandeza dos derrotados. Tom Doniphon é o emblema desses personagens todos: sacrifica-se para que o senador Ransom Stoddard (James Stewart), escolhido pela mulher a quem ama, leve a glória de ter matado o facínora, construindo, a partir daí, a carreira política que o lança ao Congresso dos Estados Unidos. Wayne foi uma figura polêmica da vida cultural americana: republicano, ultraconservador, apoiou a Guerra do Vietnã e assumiu atitudes antidemocráticas, mas na tela era o preferido não só de Ford, mas também de outros grandes diretores clássicos.

Jean-Luc Godard resumiu o sentimento ambivalente em relação a Wayne, dizendo que não era possível deixar de odiá-lo quando apoiava a ofensiva americana no Vietnã e até fazia um filme como *Os Boinas Verdes (The Green Berets)*, de 1968. Mas Godard também dizia que Wayne merecia todo amor do mundo quando, como Ethan Edwards, abria os braços para acolher a sobrinha que procurara para matar, em *Rastros de Ódio*. Essa cena é uma das emoções inesquecíveis do cinema, embora as tomadas inicial e do fim do mesmo filme também mostrem como Ford, na sua economia, era gênio. Na primeira, uma porta abre-se para mostrar Ethan Edwards que chega à casa do irmão, casado, como em *O Homem Que Matou o Facínora*, com a mulher que ele ama e da qual desistiu, em nome da harmonia familiar. Mais tarde, a casa é atacada pelos índios, que chacinam a família. Sobra só a personagem de Natalie Wood, que vira índia, criada pelos peles-vermelhas. O ódio e o racismo consomem Ethan Edwards em sua odisséia. No desfecho, resolvido o drama, outra porta se fecha, a câmera fica dentro da casa e Edwards, lá fora, resume dessa maneira a sua tragédia de solitário.

O nome de John Wayne é indesligável do de Ford, mas também é interessante ver a utilização que fizeram dele outros diretores tão grandes quanto o Homero de Hollywood. Com Howard Hawks (1896-1977), foram quatro *westerns* a partir de *Rio Vermelho (Red River)*, de 1948. Seguiu-se, 11 anos mais tarde, *Onde Começa o Inferno (Rio Bravo)*, que foi refeito, com variações, em outros dois *westerns* de 1967 (*El Dorado*) e

1970 (*Rio Lobo*). Os três últimos compõem uma trilogia e foi entre eles que Hawks e Wayne fizeram *Hatari!*, considerado um dos grandes filmes de aventuras do cinema. Com Henry Hathaway (1898-1985), foi outra penca de *westerns*, dos quais os mais famosos, senão necessariamente os melhores, foram *Fúria no Alasca (North to Alaska)*, de 1960, e *Bravura Indômita (True Grit)*, de 1969. O primeiro vale principalmente por uma briga no barro que subverte o duelo final, uma instituição do cinema do Oeste. A própria idéia de situar o filme no Alasca já faz dessa aventura um *nordestern* e não um *western* tradicional. O segundo ficou famoso porque Wayne recebeu o Oscar por seu papel como o xerife Rooster Cogburn. Balofo, gordo e meio trapaceiro, ele não se enquadra no perfil do mocinho garboso, o que não o impede de cometer um ato de grandeza. É bem um herói da era de desmistificação do gênero.

Por mais famoso que seja Ford, não são poucos os críticos que pensam que Hawks, nascido um ano depois, foi ainda maior que ele. Idolatrado pela crítica francesa – *Cahiers du Cinéma* o colocava no céu –, Hawks disse, certa vez, que o expressionista Josef Von Sternberg, criador do mito de Marlene Dietrich, gostava de transformar a anedota em epopéia. Ele, pelo contrário, transformava a epopéia em anedota. É um boa definição do seu projeto de cinema. Hawks realizou o modelo acabado da *screwball comedy* dos anos 1930 – *Levada da Breca (Bringing Up Baby)*, com Cary Grant e Katharine Hepburn –, com *Scarface*, de 1932, inventou o filme de gângsteres, com *À Beira do Abismo (The Big Sleep)*, com Humphrey Bogart como Philip Marlowe, fez um clássico *noir* definitivo. Pelo número reduzido de *westerns* que fez, Hawks não deveria ser páreo para Ford, mas com *Rio Vermelho* ele criou nada menos que o épico do capitalismo.

Há similitudes entre *Rio Vermelho* e *Rio Bravo*, ou *Onde Começa a Inferno*: a música de Dmitri Tiomkin, o personagem humorístico de Walter Brennan – praticamente o mesmo nos dois filmes –, o próprio herói machão protagonizado por John Wayne. Ele faz um posseiro que luta para expandir seus domínios, iniciando uma trilha para levar ao Norte e ao Nordeste dos Estados Unidos o gado que cria no Oeste. Entra em choque com o filho adotivo, interpretado por Montgomery Clift, que representa uma fase, digamos, mais liberal do expansionismo ianque. E o conflito a dois vira a três com o desafeto de Clift, John Ireland, que vive medindo com ele sua pistola, numa sugestão freudiana que não cessa de divertir, pela carga de ironia, os críticos. O rio do título não se limita a demarcar a fronteira do expansionismo. Possui ressonâncias bíblicas, míticas.

Piloto de corridas e, depois, oficial aviador durante a I Guerra Mundial, Hawks fez filmes relatando essas experiências que se pautam pela qualidade e pela autenticidade. Adorava caçadas: a prova é *Hatari!* Começa com uma armação de filme de guerra: os homens na espreita, na antecipação de um perigo eminente, uma emboscada. E logo o espectador descobre que são caçadores de animais vivos, que os vendem a zoológicos. Hawks não deixa de refletir, por meio do personagem Sean Mercer, de John Wayne, sobre a sua própria atividade de cineasta. Ele caça imagens (e o movimento) como o outro caça animais selvagens. A reflexão não é só sobre a arte. É sobre a vida, sobre as relações de homens entre eles e de homens com mulheres. Sean Mercer é uma espécie de matriz do homem, mas isso não faz dele um super-homem. Assusta-se com o perigo, com as mulheres que Hawks identifica como o maior perigo. O homem vive de defrontar-se com a natureza. A mulher, a Dallas de Elsa Martinelli, tem ligações profundas com ela. Amamenta o filhote de elefante, passa a ser seguida por ele, como se fosse sua mãe. A música – *O Passo do Elefantinho*, de Henry Mancini, que virou hit – sublinha com rara felicidade essa característica e, no fim, numa ironia bem hawksiana, a natureza transborda no leito do amor. Talvez essa visão dos papéis de homens e mulheres seja muito tradicional, pré-feminista. Não diminui o encanto permanente do filme. *Hatari!* ou a felicidade do cinema.

Mais do que Ford e Hawks, Raoul Walsh (1997-1980) poderia resumir sozinho a história do cinema americano. Foi ator de David Wark Griffith, fazendo o assassino do presidente Lincoln em *O Nascimento de Uma Nação*. Como diretor, trabalhou para todas as companhias, dirigiu os maiores astros. Em 1930, deu a primeira oportunidade a um jovem chamado Marion Morison, que viraria John Wayne. O filme era *A Grande Jornada (The Big Trail)*. Com uma nítida preferência pelo cinema de ação, fez *westerns*, policiais, filmes de guerra e aventuras de pirataria que ainda arrebatam o público e os críticos. Hawks pode ter inventado o filme de gângsteres, mas *Scarface*, que recebeu o subtítulo de *Vergonha de Uma Nação*, não é melhor do que *Fúria Sangüinária (White Heat)*, que Walsh dirigiu em 1949. *Um Punhado de Bravos (Objective Burma)*, de 1945, é considerado um dos melhores filmes de guerra sobre o *front* da Ásia. *Barba Negra, o Pirata (Blackbeard, the Pirate)*, de 1952, uma obra-prima do filme de piratas.

Com *A Descarada (The Revolt of Mamie Stowe)*, de 1956, deu a Jane Russell um papel que vale como um manifesto feminista, e os críticos gostam de lembrar que Walsh já dirigira a lendária Mae West, a estrela que tinha a boca mais suja de Hollywood, em *A Sereia do Alasca (Klondike Annie)*, 30 anos antes. Na mesma vertente feminista, fez da mestiça Yvonne De Carlo de *Meu Pecado Foi Nascer (Band of Angels)*, de 1957, uma nova Scarlett O'Hara, e o curioso é que o homem ao qual ela ligava sua vida era o mesmo Clark Gable que fez Rhett Butler em *...E o Vento Levou (Gone with the Wind)*, de 1939. O John Wayne de Walsh, para forçar uma comparação com Ford, foi Errol Flynn. Em 1941, fizeram *O Intrépido General Custer (They Died with Their Boots On)*, celebrando o herói que morreu no massacre de Little Big Horn. O revisionismo histórico confirmou depois que aquela visão era fantasiosa e que Custer não havia sido nada daquilo. Pode ser verdade, mas a cena da despedida de Custer da mulher, interpretada por Olivia De Havilland, é outro daqueles momentos inesquecíveis que o cinema proporciona. A câmera recua num *travelling* quando ele, sabendo que parte para a morte, diz que foi um privilégio viver ao lado dela e amá-la; Olivia desmaia, de tanta emoção. Walsh repetiria o movimento em sentido contrário, criando o extraordinário *travelling* avante de *O Mundo em Seus Braços (The World in His Arms)*, numa cena com Gregory Peck e Ann Blyth.

Como Ford, que disse que fez *Crepúsculo de Uma Raça* para se purgar do fato de ter matado mais índios do que o General George Armstrong Custer em seus *westerns*, Walsh também não se despediu sem uma derradeira homenagem aos peles-vermelhas. Em *Um Clarim ao Longe (A Distant Trumpet)*, de 1964, o jovem tenente Matt Hazard bate-se pelos índios com o fervor de quem descobre neles antagonistas merecedores de todo respeito. Não é uma obra-prima como *O Intrépido General Custer*, mas tem o valor de um testamento. Na companhia de Walsh, escreve Jean Tulard em seu *Dicionário de Cinema*, o espectador nunca se aborrece. Seus filmes destilam humor e movimento. Em quase uma centena de títulos, ao longo de meio século de carreira em Hollywood, Walsh só filmou um *flashback*, em *Bando de Renegados (The Restless Breed)*, de 1952. Seu cinema anda sempre para a frente, caudaloso como um rio. Por isso mesmo, seu mito, como os de Ford e Hawks, é dos que resistem a todas as turbulências. Quem ama o cinema narrativo clássico não pode prescindir da contribuição desses homens.

DOUGLAS SIRK – LONGE DO PARAÍSO

Foto do diretor Douglas Sirk

Perguntaram certa vez a John Waters o que ele gostaria de ser, se não fosse cineasta. Talvez, antes de dar sua resposta, seja necessário dizer quem é esse homem. Rei do punk, Waters é conhecido por quem gosta de filmes *trash* e pela escatologia que percorre sua estética, até porque seu objetivo declarado é provocar a repugnância do espectador. E, agora, de volta à pergunta inicial, aqui vai a resposta de Waters: queria ser espelho nos filmes de Douglas Sirk. Foi um ídolo de Jean-Luc Godard e Rainer Werner Fassbinder. Para o diretor alemão, foi sempre uma referência fundamental. Para o francês, foi, talvez, somente um objeto de estudo e admiração nos tempos em que Godard era crítico. Adorava usar seus filmes para fustigar não importa quem. Sirk ou a glória do cinema. Na França, ele é reputado como um grande artista. No restante do mundo, tende a ser negligenciado. Mas é um fato que os sete melodramas que Sirk fez em Hollywood, na empresa Universal, nos anos 1950, fazem dele um gênio.

Sirk nasceu na Dinamarca. Seu nome de batismo era Detlef Sierck e ele só o trocou ao chegar a Hollywood, fugitivo do nazismo. Sirk, quando ainda era Sierck, passou sua adolescência e parte da idade adulta na Alemanha. Apaixonado por teatro, desenvolve uma atividade importante na montagem dos clássicos que o leva a converter-se em diretor titular do Kleisner Theater, de Hamburgo. Foi ele quem fez a primeira montagem de Bertolt Brecht no Kleisner, em 1929, alcançando um grande triunfo com *A Ópera dos Três Vinténs*. Contratado pela UFA, o maior estúdio da Alemanha, filma alguns melodramas ou musicais que alcançam certa repercussão. *Recomeça a Vida (Zu Neuen Ufern)*, de 1937, e *La Habanera*, feito no mesmo ano, celebram uma diva da época, Zarah Leander. E então começa o cinema do exílio. Filmou na França e na Holanda, antes de chegar aos Estados Unidos, onde estreou, em 1942, com *O Capanga de Hitler (Hitler's Madman)*. Embora forte, o filme foi eclipsado por *Os Carrascos também Morrem (Hangmen also Die)*, que Fritz Lang fez no mesmo ano, também denunciando a barbárie nazista.

Sua carreira torna-se errática. Dirige tudo: *thrillers*, comédias, até um *western* (*Herança Sagrada/Taza, Son of Cochise*, de 1954). Para amantes de trivialidades, vale destacar que foi ele quem descobriu James Dean, dando-lhe um pequeno papel em *Sinfonia Prateada (Has Anybody Seen My Gal?)*, de 1952. Em meados dos anos 1950, ele próprio com 50 e poucos anos, Sirk é um homem em crise. Sente que, ao contrário de sua atividade teatral na Europa, marcada pela consistência, a cinematográfica, em Hollywood, carece de identidade. E então começa, em 1954 mesmo, com *Magnífica Obsessão (Magnificent Obsession)*, a sublime série de sete melodramas que fez sua glória. Ele são quase todos interpretados pelo mesmo ator, Rock Hudson, que só duas vezes, em *Chamas Que não Se Apagam (There's always Tomorrow)*, de 1956, e *Amar e Morrer (A Time to Love and a Time to Die)*, de 1958, cede o posto primeiro para Fred MacMurray e depois para John Gavin, outro galã da Universal, que produz e distribui todos esses filmes. Sirk fez oito filmes com Hudson, as atrizes são menos constantes: Jane Wyman (duas vezes), Dorothy Malone (também duas vezes), Lana Turner, Lauren Bacall, Barbara Stanwyck.

Magnífica Obsessão é uma refilmagem de John M. Stahl, que havia feito o primeiro filme nos anos 1930. O derradeiro Sirk, *Imitação da Vida (Imitation of Life)*, de 1959, é outro *remake* de Stahl. Esse último é chamado de "príncipe do melodrama". Bem, se existe um príncipe é porque também deve existir um rei, e esse é Sirk. Há críticos que consideram as duas refilmagens preciosas, mas sustentam que elas não representam o melhor do diretor. O verdadeiro Sirk, mais pessoal, estaria em obras como *Palavras ao Vento (Written on the Wind)*, de 1956, *Almas Maculadas (Tasrnished Angels)*, uma história de aviadores adaptada de William Faulkner, de 1958, e justamente *Amar e Morrer*, que tanto fascinava Godard. Em todos esses filmes o lirismo de Sirk transcende o melo-

Dorothy Malone e Robert Stack com Rock Hudson em cena do filme de Douglas Sirk, *Palavras ao vento*

drama e submete a família a um rigoroso exame. Por meio de sua desintegração, o que Sirk filma é o fim de um mundo, senão do mundo.

Nada mais aparentemente conformista do que esses melodramas. O próprio gênero carrega em si uma espécie de má reputação. Se você for ao dicionário encontrará, quase que com certeza, duas explicações. Uma diz que o melodrama é uma espécie de drama em que o diálogo é interrompido por música instrumental. Outra sustenta que essa espécie de drama vale-se de recursos vulgares para manter, acima de tudo, a emoção do espectador. Pode-se invocar Luchino Visconti, um dos maiores diretores do cinema, homem de gosto aristocrático e fina cultura. Ele dizia que Giuseppe Verdi e o melodrama foram seus primeiros amores, dos quais nunca conseguiu se desvencilhar, nem quis. Elementos melodramáticos percorrem toda a sua obra. Estão presentes nos melhores filmes: *Sedução da Carne (Senso)*, de 1954, *Rocco e Seus Irmãos (Rocco e I Suoi Fratelli)*, de 1960, *Vagas Estrelas da Ursa (Vaghe Stelle Dell'Orsa)*, de 1965.

Muitos críticos rejeitaram de cara os melodramas de Sirk, mas houve os que, desde a primeira obra, perceberam que o cineasta, como um verdadeiro autor, valia-se dos códigos do melodrama – *putting melos into drama* – para subverter um conceito de família que está na base do sonho americano. Ele próprio o confessou. "Meu ideal é a tragédia grega, em que tudo se passa em família", contou a *Cahiers du Cinéma*, que o reverenciavam como mestre, em 1967. "Essa família é idêntica ao mundo, é o símbolo desse mundo", acrescentou. Daniel Schmid, amigo de Fassbinder, encontrou-se com Sirk em Lugano, em outubro de 1983. Disse que era um homem de letras, universal no velho sentido do termo, humanista e erudito. No documentário que resultou dessas conversas, *Espelho da Vida*, Sirk fala sobre o diretor de fotografia Russell

Metty, seu cúmplice nessa série de filmes que faz parte das glórias do cinema. Resume que ele tinha a clareza, o entendimento e a lucidez. Não parece suficiente para explicar o método de trabalho de um grande fotógrafo. Talvez explique melhor o próprio Sirk.

Por sua cultura clássica, ele também tinha a clareza, o entendimento e a lucidez para encher de significados os seus melodramas nada convencionais. Há neles, sempre, muitos espelhos. É que o cinema, segundo Sirk, é só um espelho da vida, como percebeu Daniel Schmid. Ou então é só uma "imitação da vida", como se chama o último filme realizado pelo cineasta. É o que fascina Godard e Fassbinder. Esse último radicalizou o olhar crítico de Sirk e fez, nos anos 1960 e 70, outra série de melodramas que, tomando por base as lições do mestre dinamarquês de Hollywood, discutem a tirania amorosa que as pessoas exercem umas sobre as outras, para concluir que o amor, tão cantado pelos poetas, não passa, na verdade, de instrumento de repressão social. Fassbinder, segundo sua ex-mulher, Ingrid Caven, tinha o olhar da geração do pós-guerra. Era mais descrente do que Sirk.

Esse critica, mas ainda crê. Basta prestar atenção nos dois primeiros melodramas do diretor, ambos interpretados pela dupla Rock Hudson-Jane Wyman. Há um abismo de educação entre os personagens que interpretam. Em *Magnífica Obsessão*, Jane educa Hudson e em *Tudo o Que o Céu Permite (All That Heaven Allows)*, de 1956, o caminho é inverso, e Hudson educa Jane para o amor e a vida. Só assim, como novas pessoas, habilitam-se para o *happy end* tão identificado com os bons melodramas. Esses dois filmes já contêm críticas de Sirk ao conformismo social, mas ele se acirra e vira horror em *Chamas Que não se Apagam*, em que Fred MacMurray divide a cena com Barbara Stanwyck. Formavam a dupla do clássico *noir Pacto de Sangue (Double Indemnity)*, de Billy Wilder, de 1944. *Chamas* é quase um *remake* disfarçado, mais ácido e em preto-e-branco, de *Tudo o Que o Céu Permite*. Dessa vez, os amantes infiéis são separados pela intransigência dos filhos. Eles são sempre o tormento dos pais no cinema de Sirk.

Em *Tudo o Que o Céu Permite*, Jane faz uma viúva solitária que se envolve com o jardineiro Hudson. Os filhos invocam o abismo social para ser contra a união. Numa cena particularmente cruel, os filhos, que querem viver a vida deles, mas estão preocupados com a solidão da mãe, dão-lhe um presente especial, uma companhia, como dizem. Na sala, como um espelho, uma imitação da vida, o rosto de Jane projeta-se na tela do aparelho de televisão. Sirk, em meados dos anos 1950, já intuía sobre o papel que a TV iria desempenhar na vida das pessoas nas décadas seguintes. A tirania dos filhos prossegue até *Imitação da Vida*. Sandra Dee, a filha de Lana Turner, apaixona-se pelo namorado da mãe, John Gavin. Mais grave ainda é o caso da filha de Juanita Moore, a doméstica que Lana integrou à vida familiar. Susan Kohner é uma mestiça que consegue fazer-se passar por branca e, por isso, rejeita a mãe. Afinal, vive numa sociedade segregacionista e não quer perder suas oportunidades. Quando toma consciência disso, é tarde demais para reatar o laço familiar.

Em *Palavras ao Vento* e *Almas Maculadas* Sirk abandona seus personagens representativos da família americana média. No primeiro, embora o nome de Rock Hudson continue aparecendo com destaque nos letreiros, ele não passa de coadjuvante de uma dupla desajustada de marginais. Só que os marginais de Sirk não são pobres nem bandidos, são os ricos e os poderosos, os irmãos interpretados por Robert Stack e Dorothy Malone. Ela tem uma cena famosa, que certamente contribuiu para que ganhasse o Oscar de coadjuvante de 1956. Dorothy dança furiosamente enquanto Sirk mostra, em paralelo, a morte de seu pai. São todos milionários.

Ficaram ricos com o petróleo do Texas. Usam o monte de dinheiro para satisfazer seus caprichos e manipular os outros. Robert Stack é casado com Lauren Bacall e irmão de Dorothy. Surge Rock Hudson, que se interessa por Lauren, mas vira o objeto de desejo de Dorothy. Uma história de amor a quatro, com sugestões de incesto que acentuam a perversidade. A estrutura narrativa é ousada, circular, e Sirk acentua o fato fazendo com que a entrada da casa dos milionários seja também circular, com uma grandiosa escadaria em voluta. Esse décor tem um significado, não é meramente decorativo. Hudson, Dorothy e Stack são de novo os intérpretes de *Almas Maculadas*. Sirk baseou-se na obra considerada mais fatalista de William Faulkner, *Pylon*. Situou nos anos 1930 a ação que trata do repórter que se envolve com piloto e sua mulher. Hudson, como sempre, representa uma idéia de estabilidade para Sirk, e hoje se sabe que talvez houvesse aí mais uma ironia do cineasta. A matriz do homem americano que ele mostrava era, na verdade, um gay que levava vida dupla e todo mundo na indústria sabia disso. Só quando Hudson estava morrendo de aids, nos anos 1980, esse outro lado foi revelado. Hudson, em *Almas Maculadas*, é o sujeito estável. Stack, o piloto, é o instável. Possui uma ética própria e nada correta, que consiste, de novo, em buscar a satisfação de seus desejos na vertigem inebriante da alta velocidade. O avião substitui aqui os carros de *Palavras ao Vento*, mas a insatisfação é a mesma. *Palavras ao Vento*, vale dizer, costuma ser considerado a semente de uma série que ficou famosa na TV dos anos 1980, Dallas.

    John Gavin substitui Rock Hudson nos dois últimos filmes realizados por Sirk. Consta que ele ainda dirigiu dois ou três filmes na Alemanha, para onde voltou no fim da vida, mas eles nunca foram lançados no Brasil e sequer constam das filmografias estabelecidas por Jean Tulard em seu *Dicionário de Cinema* e por Rubens Ewald Filho em seu *Dicionário de Cineastas*. *Amar e Morrer* é uma espécie de testamento histórico e político de Sirk, que se baseia no romance de Erich Maria Remarque para contar a história do soldado alemão que volta para casa, num breve período de licença, e apaixona-se por uma garota, mas é um amor sem esperança, porque ele precisa voltar para o front. Sirk transforma a trama romântica numa reflexão sobre a Alemanha nazista, da qual fugira, mais de 20 anos antes. *Imitação da Vida*, o último Sirk, é um testamento estético, e Godard e François Truffaut o consideravam também uma peça rara de cinema metafísico, usando as chaves da filosofia para entender como o filme vai além das aparências para atingir a suprema transcendência, da arte e da vida.

Talvez tenha sido uma coincidência, mas é mais certo que Sirk tenha percebido que algo estava para passar-se não apenas na sua vida, mas no cinema e no mundo. Com *Imitação da Vida*, ele encerra seu contrato com a Universal e, apesar de uma ou outra tentativa de projetos abortados, abandona Hollywood e vai radicar-se em Munique, onde leciona na universidade. Os anos 1960 mudaram tudo: a estética, o comportamento. Não pode ser casualidade que Sirk tenha antecipado tudo isso ao encerrar *Imitação da Vida* com a imagem de um funeral tão suntuoso quanto o sublime barroquismo das imagens de seus filmes. É uma cena "excessiva" e até por isso sirkiana, com Mahalia Jackson cantando *Troubles of the World*. Representa o fim de um mundo, senão do mundo. O fim de uma concepção de cinema, também. Quando *Imitação da Vida* chega aos cinemas, em 1960, a nouvelle vague já iniciou sua (r)evolução na França, Hollywood já está sendo convulsionada pelo que ocorre em todo o mundo, e o cinema nunca mais será o mesmo.

O fim de uma época, o fim do mundo? Em março de 2003, a herança de Sirk é retomada por um jovem diretor talentoso, que concorre a diversos Oscars. Seu nome: Todd Haynes, e o filme que ele propõe, *Far from Heaven*. No Brasil chama-se *Longe do Paraíso*. Esse título é perfeito para definir o cinema de Sirk, que também olha a família americana como uma instituição estável para descobrir que tudo aquilo é só uma fachada, um espelho para projetar o conformismo social. Na verdade, há um mundo em convulsão por trás das imagens citadas por Sirk e genialmente iluminadas por Russell Metty. Haynes retoma muitos dos elementos de Sirk. Julianne Moore e Dennis Quaid formam o casal aparentemente perfeito, mas ele é homossexual e ela se apaixona pelo jardineiro, como Jane Wyman em *Magnífica Obsessão*, com a diferença de que este último agora é negro, o que permite a Haynes reabrir a vertente do racismo de *Imitação da Vida*. O tempo passa, a tirania amorosa permanece, e o cinema não cessa de reinventar a magia de Douglas Sirk.

HITCHCOCK – O ESCULTOR DO MEDO

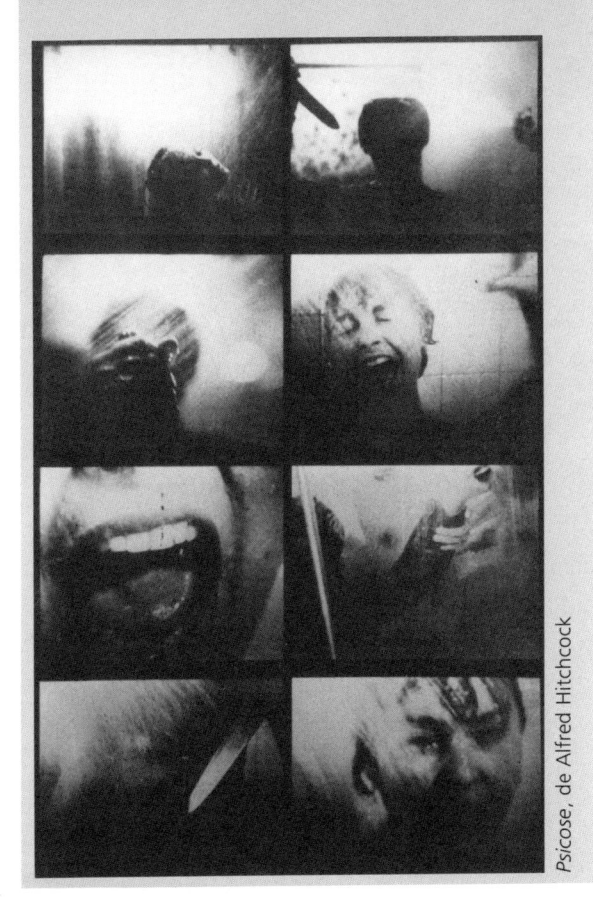

Psicose, de Alfred Hitchcock

    Serguei Mihailovitch Eisenstein pode ter dirigido a seqüência mais famosa, a mais influente do cinema, Orson Welles pode ter feito o melhor filme de todos os tempos. A admiração pela seqüência da escadaria de Odessa em *O Encouraçado Potemkin* e por *Cidadão Kane* são perenes. Mas quando cem cineastas de todo o mundo foram chamados para escolher o melhor diretor de todos os tempos em 1995, no quadro das comemorações do centenário do cinema, mais de 60 entre eles votaram em Alfred Hitchcock. A iniciativa foi da revista *Time Out*, e esse altíssimo percentual, mais de 60% dos votos, surpreendeu até os fãs de carteirinha do mestre do suspense. Hitchcock virou uma rara unanimidade. Não era assim quando François Truffaut escreveu seu livro de entrevistas com Hitchcock, nos anos 1960. Durante uma semana, menos como crítico e mais como discípulo, tiete mesmo, discutiu com o mestre todos os aspectos de seus filmes e até questões do cinema em geral. Resultou daí um livro, *Le Cinéma selon Alfred Hitchcock*, que recebeu o título de *Hitchcock Truffaut* ao ser lançado no Brasil.

Quando Truffaut se debruçou sobre a vida e a obra de Hitchcock, ele já era um dos diretores de cinema mais conhecidos do mundo, talvez o mais. Pois Hitchcock, numa jogada de marketing sensacional para a sua época, sempre teve o hábito de fazer uma aparição, mesmo fugaz, em seus filmes. A silhueta do homem gordo era parte integrante deles e, com o tempo, consciente de que o público esperava por esse momento, Hitchcock tratava de desvencilhar-se logo do compromisso. Nos últimos filmes ele aparece de cara, logo nas primeiras cenas. O culto a Hitchcock começou na França. Seus oficiantes eram os críticos da revista *Cahiers du Cinéma*. Nos anos 1950, eles desenvolveram a chamada "teoria dos autores" justamente para dar sustentação a sua preferência por diretores que não desfrutavam de tanto prestígio. Mais do que isso: essa teoria foi formulada para justificar como, no âmbito de uma indústria como a de Hollywood, certos diretores que não escolhiam o tema, os atores, não podiam interferir no roteiro nem na montagem, mesmo assim eram autores de seus filmes.

Essa teoria toma por base o conceito de *mise-en-scène*. Um crítico famoso da época, Michel Mourlet, escreveu que, no cinema, "tout est dans la mise-en-scène". Enéas de Souza, em seu livro *Trajetórias do Cinema Moderno*, também faz uma análise detalhada do que chama de estrutura do realismo de cena. O cinema, na sua posição inicial, é um olhar sobre o mundo. E, mais do que isso, é um olhar da câmera sobre o homem no mundo. A ação do homem inscrita num cenário arma o tempo e o espaço, porque é essa inserção no cenário, nessa espacialidade já temporalizada pela presença da câmera, que permite criar o tempo da ação do homem sobre uma paisagem, sobre um décor. A relação entre a câmera e o cenário, mais expressamente, o local da ação dramática, faz do espaço do cenário um espaço dramático.

Por meio do ator no cenário, o diretor na verdade está filmando o homem no mundo. E essa é uma prerrogativa dele: a maneira de posicionar a câmera, o ator. Isso não está no roteiro nem pode ser alterado na montagem. É a partir do plano, essa unidade narrativa básica do cinema, que se estabelece a autoria. Ou melhor: que se estabelecia. Hoje, a classificação como autor, mesmo em *Cahiers du Cinéma*, passou por uma mudança considerável. O diretor só é autor se for também roteirista, montador e/ou produtor. Nos anos 1950 e 60 era diferente e, por isso, diretores modestos como um certo Don Weiss – que fez, em 1954, uma fantasia deslumbrante intitulada *As Aventuras de Haji Baba (The Adventures of Haji Baba)* – podiam ser considerados autores. Hitchcock era um grande autor. Já produzia, escolhia os temas, os atores, exercia rigoroso controle sobre a equipe técnica. Numa certa fase, todos se repetem, de filme para filme: o fotógrafo (Robert Burks), o montador (George Tomasini), o músico (Bernard Herrmann).

Mesmo assim, há resistência em considerar Hitchcock um autor, um grande autor. Ela se deve, com certeza, ao fato de ele haver escolhido um gênero para expressar-se. Por mais que Hitchcock tenha elevado o suspense à condição de uma das mais belas artes – criando uma verdadeira estética e, para os admiradores mais ardorosos, uma metafísica da angústia –, o fato de trabalhar com um gênero tão preciso o transformava, automaticamente, num gênero menor. O próprio John Ford, que se definia como um diretor de *westerns*, sofreu essa incompreensão. Ganhou quatro Oscars de direção, nenhum pelas cavalgadas nas pradarias que fizeram sua glória. Hitchcock, em meados dos anos 1950, é considerado um bom diretor comercial, mas um artista? É a tese de *Cahiers*. Quando Truffaut escreve seu livro é para estabelecer, em definitivo, a reputação de um dos grandes incompreendidos do cinema.

Antes dele, dois outros críticos que também viraram cineastas, Eric Rohmer e Claude Chabrol, já haviam escrito um livro sobre Hitchcock, privilegiando o enfoque católico na obra do autor, conseqüência da sua formação religiosa com os jesuítas. No Brasil, mais recentemente, nos anos 1980 e 90, também saem alguns livros: os de Inácio Araújo (*Alfred Hitchcock*), Bodo Frundt (*Alfred Hitchcock e Seus Filmes*) e Heitor Capuzzo (*Alfred Hitchcock: O Cinema em Construção*). Falta justamente aquele que, com o de Truffaut, talvez seja o melhor livro sobre o grande Alfred: *Hitchcock's Movies*. No seu livro de 1965, o crítico de língua inglesa Robin Wood faz análises definitivas de oito clássicos. Seu recorte se faz a partir de *Pacto Sinistro (Strangers on a Train*, de 1951), *Janela Indiscreta (Rear Window*, de 1954), *Um Corpo que Cai (Vertigo*, de 1958), *Intriga Internacional (North by Northwest*, de 1959), *Psicose (Psycho*, de 1960), *Os Pássaros (The Birds*, de 1963), *Marnie, as Confissões de Uma Ladra (Marnie*, de 1964) e *Cortina Rasgada (Torn Courtain*, de 1966). Por meio desses filmes, Wood discute o apogeu e ajuda a entender a decadência de um dos raros gênios que já trabalharam no cinema.

A seqüência da escadaria de Odessa é a mais influente do cinema. Eric Hobsbawn joga seu prestígio de historiador para afirmar, como já se disse, o óbvio. Mas e o assassinato de Marion Crane na ducha em *Psicose*? Aqueles 40 segundos de filme, para os quais Hitchcock usou mais de 70 posições de câmera, foram tanto ou até mais imitados, influenciaram cineastas de todo o mundo e, para o bem e para o mal, estão na origem de toda a estética da MTV que produziu o videoclipe. Se este último virou uma praga do cinema nos anos 1990, a culpa não é de Hitchcock. A seqüência da ducha cumpre uma função dramática essencial em seu filme. A par do seu impacto, quando se pensa no seu significado é de uma tristeza de cortar o coração. Mas ela não é nobre. Está num filme de gênero. Hobsbawn poderia ter repensado *A Era dos Extremos* só a partir dessa cena. Chegaria à conclusão que Hitchcock, afinal de contas, é cria de Eisenstein, apenas trilhou outro caminho.

O diretor que os próprios diretores consideram o maior do mundo era um gênio. É a tese de Truffaut, um dos responsáveis pela mudança da reputação de Hitchcock: de cineasta menor, ele passou a autor maior. A análise de Wood é mais profunda: ele deixa Hitchcock e seus filmes no divã e prova o que já virou clichê repetir: o mestre do suspense e Sigmund Freud nasceram um para o outro. Com as chaves da psicanálise fica fácil analisar qualquer filme de Hitchcock. Os significados ocultos iluminam-se, tudo fica mais denso. Essa influência irrompeu quando Hitchcock fez *Quando Fala o Coração (Spellbound)*, em 1945. O filme conta a história da médica que investiga a mente de um paciente acusado de assassinato. Ingrid Bergman e Gregory Peck são os atores, e o filme, que não é um grande Hitchcock, ficou famoso porque, de comum acordo com ele, o produtor David Selznick chamou o surrealista Salvador Dali para criar as cenas de sonho que fornecem à médica a chave para desvendar o mistério do crime. Elementos psicanalíticos já podem ser identificados na obra anterior do artista. O casamento entre Hitchcock e Freud fica indissociável é nos três filmes rodados no começo dos anos 1960. Formam um bloco de notável coerência, senão uma trilogia: *Psicose*, *Os Pássaros* e *Marnie*.

Os três contam histórias de personagens marcados por experiências traumáticas (ou complicadas relações familiares) na infância. Norman Bates (Anthony Perkins) mata a mãe e depois a incorpora para cometer novos assassinatos, num caso clínico de divisão de personalidade, em *Psicose*. Mitch Brenner (Rod Taylor) é um Norman Bates que não chega ao crime em *Os Pássaros*. Edipiano típico, é manipulado pela mãe dominadora, que interfere em suas relações com as outras mulheres. Por mais fantástico e apocalíptico que seja o ataque dos pássaros à cidadezinha de Bodega Bay, onde se passa a ação, talvez não tenha outra função senão a de ampliar, dramaticamente, o que existe de destrutivo nessa relação familiar. Marnie (Tippi Hedren) talvez seja o caso mais interessante dos três. Marcada pelo ato de violência envolvendo sua mãe prostituta, quando era criança, ela virou ladra. Abre cofres e carrega uma bolsa dobrada que se assemelha estranhamente ao desenho dos lábios de uma vagina. Há em Marnie um desejo inconsciente de libertação, sexual inclusive. É uma Norman Bates curável. Na cena mais bela do filme, quando o marido (Sean Connery), querendo psicanalisá-la, propõe um jogo de associações com palavras, ela termina gritando e chorando, pedindo ajuda.

É um grito de angústia no fundo tão doloroso e pungente quanto o de Peter Lorre em *M., o Vampiro de Dusseldorf (M.)*, a obra-prima expressionista de Fritz Lang, em 1931. E, aliás, talvez se possa ver em Marnie uma experiência expressionista de Hitchcock, já que aquela utilização da cor tem raízes no próprio Edward Munch. *Marnie* é o fecho perfeito dessa trilogia que talvez não tenha sido concebida como tal. Só que essa perfeição é conceitual e dramática.

Formalmente, o filme possui problemas com os quais não estamos acostumados a nos defrontar nos filmes de um perfeccionista como Hitchcock. Esses defeitos foram se agudizando depois. Em *Marnie*, compuseram o que Truffaut definiu como "a obra-prima doente" de um gênio que começa a perder o domínio de seus meios.

Em 1960, quando Hitchcock faz *Psicose*, o cinema e o mundo estão mudando. O cineasta, por esta época, andava impressionado com as possibilidades técnicas da televisão. Ele produzia e apresentava um teleteatro chamado *Alfred Hitchcock Presents...* A cada edição, um caso de suspense, narrado com aquelas técnicas que fascinaram o mestre e ele resolveu transpor para a TV. *Psicose* foi um filme barato, feito rapidamente, em preto-e-branco. Poucos, mesmo entre os colaboradores mais chegados do autor, perceberam o que ele estava tentando fazer. Para a maioria, era só um filmezinho, com um tanto de experimentalismo. Saul Bass, que planejou os créditos e teve autorização de Hitchcock para fazer o *storyboard* da célebre seqüência do assassinato na ducha – além de outra, a da subida da escada pelo inspetor Arbogast (Martin Balsam) –, foi dos primeiros a perceber a importância do filme. A cena da ducha estourou nas telas como uma bomba. Foi considerada excessiva e violenta. Hitchcock deu, por meio dela, sua contribuição para que, anos mais tarde, naquela mesma década, o Código Hays, que disciplinava o uso do sexo e da violência na produção de Hollywood, fosse arquivado.

Hitchcock é um dos autores que o crítico André Bazin analisa em seu livro *O Cinema da Crueldade*. Jogar com as emoções do público é uma crueldade. Formular uma linguagem para isso talvez seja crueldade maior ainda. Hitchcock, até por experiência pessoal, percebeu que o cinema estava mudando por influência da TV. Antigamente, os filmes eram exibidos nas salas de projeção para espectadores acostumados às comédias de Carlitos e do Gordo e o Magro, aos banguebangues de Tom Mix e Hopalong Cassidy. Na época de *Psicose*, os filmes já estavam sendo exibidos para espectadores acostumados a ver as imagens em movimento na TV. Durante os anos 1960, o teórico da comunicação Marshall McLuhan se referiu a esses espectadores como pertencentes a uma geração de mentalidade visual. E observou que suas percepções não eram mais lineares, como as que se originam da leitura de um livro. Tornaram-se assimilações instantâneas da cena como um todo. Como conseqüência, o ritmo da montagem teve de ser acelerado. Por influência da geração de mentalidade visual, toda a sintaxe da tela passou e ainda está passando por uma mudança.

Os cortes rápidos da televisão eliminaram o gosto pela fusão e por movimentos discretos que constituem a herança de um cinema mais clássico. Sai de cena o George Stevens de *Um Lugar ao Sol (A Place in the Sun)*, de 1951, com aquela sucessão impressionante de closes que fascinou Charles Chaplin na cena do beijo entre Elizabeth Taylor e Montgomery Clift. O criador de Carlitos disse que *Um Lugar ao Sol* era o melhor filme que já havia visto. Hitchcock, com a cena do assassinato na ducha, está abrindo espaço para George Lucas, para Brian De Palma, para Steven Spielberg. E *Psicose* é contemporâneo das mudanças que a nouvelle vague introduzia na França. Quando a morte de Marion Crane encontra o terror mais explícito de *O Exorcista (The Exorcist)*, de William Friedkin, nos anos 1970, a (r)evolução se completa. O cinema nunca mais foi o mesmo.

Talvez seja bom analisar o significado profundo da cena da ducha. Logo na abertura de *Psicose*, Marion Crane foge com dinheiro da firma, na expectativa de poder ficar com o amante. Vai parar no motel de Norman Bates. A conversa com ele desperta sua consciência. São olhados por todos aqueles pássaros empalhados. Norman diz, fatalisticamente, que a vida não tem volta e, neste momento, o espectador ainda não conhece as razões do seu pessimismo. Marion, inocentemente, não concorda. Diz que amanhã vai iniciar o longo caminho de volta, vai arcar com as conseqüências do seu gesto. E é por isso que ela toma aquele banho, para se purificar. Sua morte brutal reflete no espectador como um golpe. Não era freqüente, em 1960, a estrela morrer no primeiro terço da projeção de um filme. E mais ainda daquele jeito, cortando, bruscamente, a empatia que o diretor estabelecia entre o público e a personagem que interpretava. O público ficou perplexo: outras mudanças de rumo iriam desorientá-lo ainda mais, até o desfecho de *Psicose*. Robin Wood pergunta, na abertura de seu livro: "Por que devemos tomar Hitchcock a sério?" E, logo em seguida, ele mesmo reflete que é uma pena que a pergunta tenha de ser feita. "Se o cinema fosse realmente encarado como uma arte autônoma, e não como um mero adjunto do romance e do drama – se não tivéssemos o hábito de ver os filmes sem tentar reduzi-los a literatura –, a pergunta seria desnecessária", ele diz. São observações que, feitas em meados dos anos 1960, continuam válidas. Ainda existem espectadores que resistem à idéia de Hitchcock de que o cinema é uma arte estritamente visual.

Já falamos sobre a importância de *Janela Indiscreta* como metáfora do próprio cinema. Todo o filme é muito hitchcockiano, porque trazer à tona o secreto é a operação que está na base dos melhores filmes do autor. Mas o filme também é hitchcockiano pelo prazer que o diretor sente em mexer com os nervos do espectador, criando uma atmosfera de expectativa e de medo que se manifesta especialmente na cena em que Jeff (James Stewart) envia Lisa Freemont (Grace Kelly) à casa do assassino. O espectador o vê chegar e teme pela sorte de Lisa. Aparentemente, é só uma cena para criar emoção, para produzir medo. É mais que isso: Hitchcock usa essa cena para discutir até onde um diretor tem direito de ir com seu público. No próprio ato de Jeff de enviar Lisa para o perigo está embutida uma reflexão sobre a própria *mise-en-scène*. Jeff, que faz da sua janela indiscreta uma representação do mundo e do cinema, está agindo como um diretor neste momento.

Janela Indiscreta forneceu a base para que Michelangelo Antonioni fizesse, nos anos 1960, *Blow Up*, que se chamou *Depois Daquele Beijo* no Brasil. E o curioso é que *Depois Daquele Beijo* terminou sendo a fonte de inspiração para o mais aplicado dos discípulos de Hitchcock, Brian de Palma, quando ele fez *Um Tiro na Noite (Blow Out)*, em 1981. Houve um tempo em que os críticos se perguntavam se era possível atribuir valor à obra de De Palma, que consideravam apenas um plagiador. Em seus primeiros filmes, ele construía tramas não muito consistentes, cuja única função era permitir que ele produzisse imitações de cenas famosas de Hitchcock e do assassinato na ducha, em particular. É justamente a partir de *Um Tiro na Noite* que o imitador também vira artista, revelando preocupações próprias, éticas e estéticas. Mesmo assim, volta e meia De Palma parece ter recaídas, em filmes como *A Síndrome de Caim (Raising Cain)*, de 1992, e *Femme Fatale*, de 2002, por mais prazerosos que possam ser esses exercícios de estilo.

Tudo o que Hitchcock fez parece ter sido preparativo para a concretização daquele bloco de três filmes entre 1960 e 64. Mas em 1958, quatro anos depois de uma obra tão influente quanto *Janela Indiscreta*, ele fez aquele que, isoladamente, os críticos consideram seu melhor filme. *Um Corpo Que Cai* é o Hitchcock preferido até pelos que não são hitchcockmaníacos. De novo James Stewart interpreta o papel principal. Ele faz agora Scottie, um policial que, quando o filme começa, está em plena corrida, envolvido numa perseguição. Por causa de sua vertigem, o pavor das alturas, Scottie perde o companheiro e vira um homem marcado. Abandona a polícia, mas um amigo lhe pede que faça para ele uma investigação como detetive particular. Quer que Scottie siga sua mulher, que está apresentando um comportamento estranho.

Scottie, de novo por causa da vertigem, não consegue evitar que essa mulher se suicide, jogando-se do alto de um campanário. Entra em depressão profunda, porque durante a investigação ele se apaixonou. E, então, um dia, na rua, Scottie encontra outra mulher que se assemelha à que morreu. Ele usa essa segunda para esculpir, para trazer de volta de entre os mortos a primeira (chama-se *D'Entre les Morts* o romance da dupla Boileau e Narcejac que forneceu a inspiração para *Um Corpo Que Cai*). Descobre que as duas mulheres são a mesma e que tudo não passou de armação para encobrir um assassinato. O desfecho mostra o protagonista que olha para o abismo. Curou-se, mas ao preço de uma perda irreparável. Não é exatamente um *happy end*.

Invocando Freud, como fez o crítico Noel Simsolo, pode-se investir no significado sexual do filme, associando vertigem e castração. Pode-se também ver *Um Corpo Que Cai* como o mais mórbido filme de Hitchcock, já que ele próprio disse a Truffaut que seu poema necrófilo nada mais é do que

Um corpo que cai, de Alfred Hitchcock

a história de um homem que quer dormir com uma morta. É um raro e grande filme. A dupla personalidade de Judy e Madeleine, ambas interpretadas por Kim Novak, favorece a criação de um imaginário que carrega um conflito de tempo e espaço e isso é Alain Resnais, *Hiroshima, Meu Amor*. O culto a *Um Corpo Que Cai* é tão grande que, em 1995, o filme é escolhido como um dos dez melhores de todos os tempos, em mais de uma enquete feita para celebrar o centenário do cinema, tomando-se como referência a primeira exibição pública do cinematógrafo dos irmãos Lumière, em Paris.

Romântico e pessimista, *Um Corpo Que Cai* não foi muito bem na bilheteria. O público percebeu o excesso de pessimismo do desfecho e o filme ressentiu-se disso. Ou então foi mesmo a sua construção, complexa e sofisticada – um filme de assassinato sem sangue –, que desconcertou as platéias. Hitchcock faria outro filme de assassinato sem sangue – ou, pelo menos, filmou em preto-e-branco para evitar o vermelho, que seria muito chocante –, mas *Psicose*, pelo contrário, foi um grande sucesso, o maior da carreira do diretor. Entre os dois filmes ele realiza *Intriga Internacional*, outro sucesso. Está em plena forma. As coisas começam a complicar-se com *Marnie*. O filme vai mal na bilheteria. Hitchcock acha que o culpado é Bernard Herrmann, com sua partitura, que considera muito triste. Os problemas com a atriz Tippi Hedren somente agravam sua crise. Hitchcock, que sempre foi atraído pelas loiras frias (Grace Kelly, Kim Novak, Eva Marie Saint) apaixona-se por Tippi, mas ela não apenas não retribui como o chama de gordo. É o que diz a lenda.

Cineasta do olho e da dúvida, ele se deixa contaminar pelo que, até então, era só um tema. Duvida de si mesmo. Inicia um doloroso processo de decadência. Não é que os últimos filmes sejam ruins. Alguns até são, mas mesmo nesses há seqüências magníficas. O assassinato de Grumek no forno em *Cortina Rasgada* é um exercício cruel de humor negro. O filme passa-se na Alemanha, a cena evoca o martírio dos judeus nos fornos crematórios do nazismo. *Topázio (Topaz)*, de 1969, baseado no romance de espionagem de Leon Uris, é pior ainda, mas possui a cena grandiosa da morte de Chiquita, que cai como uma flor que se desfolha no piso xadrez. É a representação da nenhuma importância que os jogos da política entre as nações atribuem à vida humana. A grande fase ficou para trás, mas Hitchcock, 15 anos após sua morte, em 1980, aos 81 anos, será considerado o maior diretor do mundo.

Em 1948, ele quis fazer uma experiência. Queria fazer o filme sem cortes. Não havia tecnologia para isso e ele foi obrigado a disfarçar os cortes que foi obrigado a fazer, por conta da duração das bobinas de filmes, que não cobriam 80 minutos necessários para contar a história dos dois rapazes que tramam o crime perfeito e são desmascarados pelo personagem de James Stewart. Truffaut achava a experiência interessante. Hitchcock lhe diz que foi um erro. Reconhece que a montagem é importante demais em seu cinema para que ele, de repente, resolvesse praticamente dispensá-la. Críticos como André Bazin vêem no plano-seqüência, com sua soma de movimentos de câmera, tomadas com profundidade de campo e sem cortes, uma possibilidade de chegar mais próximo da realidade, quanto mais não seja pelo mínimo de fragmentação do real a que leva essa opção narrativa. Hitchcock, como Eisenstein, necessita da imagem. Um quer controlar as emoções do público, o outro acredita que é preciso ordenar as imagens no inconsciente do espectador para ser dialético, fazendo cinema revolucionário. Mesmo com base no real, esse cinema de "montagem" tem um pé no artifício.

ROBERT BRESSON – O SILÊNCIO É DE OURO

Pickpocket, de Robert Bresson

Em 1966, Robert Bresson dirigiu o mais emblemático de seus filmes. Não é o melhor, posto que deve ser disputado entre *Pickpocket*, de 1953, e *Um Condenado à Morte Escapou (Un Condamné à Mort s'Est Echappé)*, de 1956. Mas *Au Hasard Batlhazar*, feito dez anos antes e lançado no Brasil com o título de *A Grande Testemunha*, parece resumir por inteiro a ética e a estética desse grande diretor. Bresson morreu em 1999. Estava inativo desde 1983, quando fez seu último filme, *L'Argent*. Sua carreira cobre mais de 40 anos de história do cinema, mas é relativamente curta: 13 filmes, apenas. Bastaram para

A Grande Testemunha, de Robert Bresson

esculpir a fama de um dos artistas mais radicais que já trabalharam no cinema. Há um caso Bresson: particular, singular, único. Não foi chefe de escola nem teve seguidores, por mais que se diga de certos cineastas ascéticos, que rejeitam o efeito fácil, o espetáculo e a música, que são "bressonianos". Bresson foi um grande solitário do cinema francês, como Jacques Tati, o criador de M. Hulot. Seu legado não é menor por causa disso.

François Truffaut, que nunca deixou de admirar o rigor de Bresson, dizia que seu estilo deve mais à pintura do que à fotografia. Interessante observação. Grandes diretores chegaram ao cinema a partir da pintura: Bresson, Abbas Kiarostami, Maurice Pialat. Outros não foram pintores, mas sempre possuíram um olho raro para a beleza: John Ford, Luchino Visconti, James Ivory. É até curioso prosseguir nessa discussão. O cinema parece ter muito em comum com a pintura. O plano, inscrito no retângulo da tela, não seria muito diferente do espaço do quadro. Mas existem diferenças fundamentais: o olhar do pintor, que ele expressa pela mão na tela, não é selecionado diretamente do próprio real. E o cinema, ao contrário da pintura, busca o movimento, o que é outra diferença essencial.

Bresson pode ter trazido para o cinema o seu olho de pintor, mas o que lhe interessa, ele próprio o disse, é o movimento interior. Seus filmes não são feitos para o olhar apressado. Bresson dizia que o espectador não deveria passear os olhos pelo seu cinema. Seu objetivo era capturar o olhar e nisso era mestre. Apesar de tudo o que o afastava de Alfred Hitchcock e Stanley Kubrick, compartilhava com eles a crença de que o cinema deve ser uma arte autônoma. Chegou a dizer, certa vez, que fazer cinema "significa perseguir imagens muito puras, que possam se transformar ao contato com outras imagens e sons". Para Bresson, o cinema foi sempre uma arte autônoma, feita de ligações: imagens com imagens, imagens com sons, sons com outros sons. Raramente usou a música. Nos filmes de Bresson, graças a uma liberdade poética, pode-se dizer que o que se ouve é o som do silêncio. Mas se ele não usa a música usa o ruído, e o que mais impressiona em *Lancelot Du Lac*, de 1974, é o barulho incômodo produzido por aquelas armaduras. No filme de Bresson sobre o mito arthuriano, as armaduras gemem, estalam. São de lata, afinal de contas. Nunca houve nada parecido nos incontáveis filmes que o cinema fez contando histórias da Idade Média. Inclui-se no lote o *Alexandre Nevski*, de Serguei Mihailovitch Eisenstein, de 1938.

Jean Tulard, em seu *Dicionário de Cinema*, comentando o ascetismo de Bresson, diz que, para muita gente, o ideal de cinema do diretor seria uma tela branca com uma voz monocórdica ao fundo, lendo *O Discurso do Método*, de Descartes. Pode até ser que fosse, mas os racionalistas, os não católicos e os surrealistas não toleravam Bresson. Sua carolice sempre foi motivo de irritação para esses grupos. Por isso mesmo, Roger Boussinot, em sua *Enciclopédia de Cinema*, diz que talvez seja preciso ser católico ou, pelo menos, não contrário ao catolicismo, para apreciar *Le Journal d'un Curé de Campagne*, de 1950, *Le Procès de Jeanne D'Arc*, de 1962, *A Grande Testemunha* e *Mouchette, a Virgem Possuída (Mouchette)*, de 1967. Seria possível ocupar o espaço inteiro desse livro dissecando o método de Bresson, e nem assim chegaríamos à essência do autor. É melhor ir logo ao que interessa.

O que, afinal de contas, Bresson queria dizer usando tanto rigor? É onde entra *A Grande Testemunha* como emblema de suas preocupações. O Balthazar do título original é um burro. Bresson usa um asno para filmar a paixão cristã. Pode parecer inusitado e até fantástico, mas é coerente com a idéia dele de que só os animais e os santos são capazes de resistir ao poder arbitrário do mal no mundo. É o que observa Antônio Gonçalves Filho num belo ensaio sobre Bresson, publicado no Caderno 2 do jornal *O Estado de S. Paulo*, quando houve a retrospectiva do diretor, em setembro de 1998. O próprio título dado àquela edição de várias páginas era significativo: Robert Bresson, o Apóstolo do Cinema. A carreira começa oficialmente em 1943, com *Les Anges du Péché*, mas antes disso, nos anos 1930, Bresson havia feito um média-metragem cujas cópias se perderam, *Les Affaires Publiques*.

Les Anges du Péché foi seu manifesto, mas revisto, hoje, é um filme decepcionante. Sua pretensiosa ruptura com o cinema comercial perde-se em meio à vulgaridade da ação e dos personagens. No ano seguinte, com *Les Dames du Bois de Boulogne*, Bresson inicia verdadeiramente sua obra autoral. O filme baseia-se num fragmento de Diderot (*Jacques le Idealista*) e tem diálogos de Jean Cocteau. É possível que o preciosismo do poeta, com seu rendilhado verbal, tenha sido um dos motivos que fizeram Bresson apostar tanto no silêncio nos filmes seguintes. Mas o motivo é mais profundo: a palavra, incluindo o Verbo divino, vive em crise no cinema de Bresson. Nesse primeiro filme no qual se identifica o autor, o mal é um atributo individual da personagem de Maria Casarès, que quer se vingar do amante que a desprezou e arma para que ele se transforme em objeto de escárnio ao casar-se com uma prostituta. Nos filmes seguintes, o mal vira um pacto coletivo, bastando citar os amorais de *L'Argent* ou a cólera da rainha de *Lancelot du Lac*, que condena o amante pela matança promovida pelos cavaleiros da Távola Redonda por causa de um cálice supostamente sagrado.

Para atingir esse objetivo, Lancelot fecha-se para os prazeres do mundo e dedica seu corpo a Deus, o que significa abandonar Guinevère. Não é somente ela que o herói esquece. Afasta-se de seus semelhantes com todas aquelas mortes. Como se pode justificar tudo isso em nome da busca de um cálice, mesmo sagrado? E o que é sagrado? Para situar (e entender) esses filmes é preciso voltar um pouco no tempo, usando a vida de Bresson para contextualizar sua obra. Durante a II Guerra Mundial, o diretor sofreu uma experiência que considerou decisiva. Foi feito prisioneiro pelos nazistas. Passou 18 meses internado num campo de prisioneiros. Foi lá que conheceu o frade dominicano B. L. Bruckberger. A amizade fortaleceu seus fundamentos religiosos. Após a guerra, passam-se mais cinco antes que Bresson realize, com "o diário de um pároco de aldeia", sua primeira adaptação de Georges Bernanos, um escritor católico.

Lancelot du Lac, de Robert Bresson

Tão aparentemente realista no seu rigor, no seu ascetismo, a obra de Bresson coloca um problema, porque o diretor, mesmo que não fosse fanático, era carola e olhava o sobrenatural como real. E como ele exerce um rigoroso controle sobre a imagem, o som, a interpretação, o que propõe é um real interpretado, nos limites da abstração, o que não deixa de ser um artifício dramático. Na França, ele sofreu, com freqüência, a acusação de esteticismo, mas em 1957, depois de assistir a *Um Condenado à Morte Escapou*, René Briot escreveu que Bresson desenvolvera um estilo que, negando os prestígios do espetáculo cinematográfico, fazia dele um dos raros autores capazes de trabalhar o cinema como linguagem. Nos filmes, Bresson busca sempre a graça, no sentido divino, para concluir que a incomunicabilidade é a única comunhão possível. Um de seus maiores filmes é o que trata do julgamento de Joana D'Arc. No seu clássico dos anos 1920, *O Martírio de Joana D'Arc*, o diretor dinamarquês Carl Theodor Dreyer, submetendo a atriz Falconetti a um martírio próximo do vivido pela personagem, tentou traduzir na tela, por meio de primeiros planos de intensidade nunca superada, o seu mistério. A Joana D'Arc de Bresson é menos emocionante, mas talvez perturbe mais. Responde com dúvidas a seus inquisidores, propõe o eterno como oposição ao poder transitório e, finalmente, expõe o paradoxo do homem da Igreja, porque ele está tão ligado no real que não acredita em palavras sobrenaturais.

Logo no começo de sua carreira, Bresson trabalhava com atores profissionais. Passou a preferir, depois, os não profissionais. Você talvez não se lembre do nome da atriz que fazia Joana D'Arc para Bresson (Florence Carrez), mas se lembra, com certeza, de seu rosto. Maria Casarès, grande dama do teatro e, ocasionalmente, do cinema – *O Boulevard do Crime (Les Enfants du Paradis)*, de Marcel Carné, de 1945 –, confessou que Bresson submetia seus atores a provas desumanas para obter o que

O Processo de Joana D'Arc, de Robert Bresson

queria. Ele definia esse objetivo, singelamente, como "alguma coisa" que deveria se passar no rosto dos atores. Com o tempo, percebeu que o que procurava era uma opacidade do ator, e isso era mais fácil de conseguir com amadores. Um ou outro de seus atores conseguiu se destacar: François Leterrier, de *Um Condenado à Morte Escapou*, virou diretor, Dominique Sanda, de *Une Femme Douce*, de 1969, virou estrela, porque bastou que Bernardo Bertolucci a visse no elenco de Bresson para colocá-la em *O Conformista (Il Conformista)*, uma adaptação de Alberto Moravia, que estreou no ano seguinte.

A dúvida que Joana instala no juiz, seu algoz, deve ter fortalecido no diretor a sua vontade de contar a paixão de Cristo. Houve várias "maiores histórias de todos os tempos" no começo dos anos 1960. O cinema americano apresentou versões da vida de Cristo assinadas até por diretores de prestígio, como William Wyler (*Ben-Hur*, de 1959), Nicholas Ray (*O Rei dos Reis/King of Kings*, de 1961) e George Stevens (*The Greatest Story Ever Told*, de 1965). Na contracorrente dessas versões espetaculares, o comunista Pier Paolo Pasolini, em *O Evangelho segundo São Mateus (Il Vangelo secondo Matteo)*, de 1965, propôs seu Cristo mais humano do que místico. Bresson deveria sentir-se mais próximo de Pasolini, pelo menos quanto a uma modéstia assumida de recursos ou a uma preferência pelo preto-e-branco. Mas para contar a paixão cristã ele não escolheu um homem. Fez do asno o protagonista de *A Grande Testemunha*.

Balthazar pode ser o "herói" cujo sacrifício encerra o sentido do filme e ele morre no meio do campo, numa cena de uma beleza, mas também de uma singeleza, como só Bresson poderia criar. O cineasta lembrou que, na Idade Média, quando havia a Festa dos Tolos, era o asno que celebrava a missa. Qual a surpresa, portanto, em transformar o asno em cordeiro de Deus? A ousadia era grande, mas Bresson não deixou de oferecer um contraponto humano à paixão de Balthazar. Criou, para isso, a personagem da mulher, interpretada por Anne Wyazemsky, na época mulher de Jean-Luc Godard (e atriz de *A Chinesa/La Chinoise*, de 1967). No seu filme seguinte, a segunda adaptação de Bernanos, retomou o tema do sacrifício de Anne em *A Grande Testemunha* por meio de *Mouchette*. Na cena inicial, um caçador prepara uma armadilha para uma lebre. Mouchette será repetidas vezes vítima das armadilhas que os homens criam para ela. No desfecho, ela leva seu desgosto ao limite de rolar diversas vezes pela ribanceira do rio, antes de cair na água. Ouve-se apenas o baque. Cair, para morrer, é uma forma de subir ao céu. Após a morte de Balthazar, parecia difícil que Bresson pudesse criar de novo algo tão depurado, de uma emoção tão destituída de pieguice e sentimentalismo, mas ele conseguiu.

Mouchette, de Robert Bresson

Até aqui, Bresson filma somente em preto-e-branco, recusando o que, para ele, é o artifício da cor. Seu primeiro filme colorido é *Une Femme Douce*. Narra o calvário cotidiano de uma mulher casada, vítima do ciúme obsessivo de um marido que a olha como se fosse um objeto de sua propriedade. A trajetória da personagem de Dominique Sanda não difere muito das de Anne Wyazemsky em *A Grande Testemunha* e de Nadine Nortier em *Mouchette*. Todas passam pelo mundo agredidas pela violência ao seu redor. Buscam a redenção no ato de cair. Dominique lança-se da janela do apartamento, que Bresson não mostra. Sua morte é representada, metaforicamente, por um lenço que flutua no ar. A escritora e cineasta Marguerite Duras, admiradora de Bresson, devia estar pensando nessa imagem quando disse que Bresson conseguia fazer no cinema o que, antes dele, só era possível na poesia.

    O asno de *A Grande Testemunha* é uma espécie de súmula de todos os heróis de Bresson. No fundo, são inocentes que carregam no lombo os pecados da humanidade inteira e isso vale desde o padre de *Le Journal d'Un Curé de Campagne* até o Yvon de *L'Argent*, seu último filme, adaptado de Tolstói (*A Nota Falsa*). Doze anos antes, em 1971, outro grande russo, Dostoiévski, havia fornecido a inspiração para *Les Quatre Nuits d'Un Rêveur*, que não é outra coisa senão *As Noites Brancas*, segundo Bresson. O padre de Bernanos e Bresson é o bode expiatório de uma aldeia cujos habitantes parecem concentrar todos os defeitos do mundo. Yves, modesto entregador de óleo diesel, recebe de dois garotos ricos e amorais uma nota falsa que provoca sua ruína. Vai preso, acusado de participação num assalto a banco, e perde a filha quando está na cadeia. Revoltado, ao sair da prisão, comete um assassinato ao tentar roubar dinheiro de uma velha. Bresson, como sempre, reduz o crime a uma imagem essencial, totalmente desprovida de sensacionalismo. O crime é revelado pela imagem de um machado, precedida pelo copo que se quebra quando o pianista toca um trecho da *Fantasia Cromática* de Bach.

    É um raro momento em que a música se faz presente no cinema de Bresson. Na maioria das vezes ela está ausente, substituída pelo silêncio, pelos ruídos ou pela voz humana. Tirando o ruído, ao qual Bresson deu cada vez mais atenção, o silêncio e as palavras representam a mesma coisa em seu cinema, onde os personagens não acreditam mais na força transformadora da palavra. Não é só o bispo Cauchon, o juiz transformado em algoz de Joana D'Arc, que duvida da palavra sobrenatural, seja ela a de Joana ou a dos santos. O pároco da aldeia afunda no álcool e também manifesta sua dúvida quanto à salvação que pode vir da palavra divina. Apesar dessas dúvidas todas, se houve um autor que conseguiu expressar o sagrado na tela foi Bresson. Para isso nunca precisou de efeito de nenhuma ordem. A morte de Balthazar, a de Mouchette provam que, em seu cinema, o sagrado está em toda parte e em lugar nenhum.

Analisando as duas adaptações que Bresson fez de Bernanos, o doutor em teatro e cinema pela Universidade de Paris, André Parente, escreveu, num texto intitulado *Modelos de Vozes Brancas*, que a determinação espiritual do cineasta se exprime através de um espaço rígido, regido nesses filmes pela fragmentação. Yvone Margulies, doutora em cinema pela Universidade de Nova York, afirma em outro texto, *O Rigor (do) Inexplicado*, que, em *Mouchette*, Bresson prescinde da psicologia, movendo sua personagem a partir do irrevogável. Nenhuma novidade nisso. São análises que fecham com a do filósofo Roger Munier, que formulou uma teoria da opacidade para explicar o fascínio exercido pelos filmes acéticos de Bresson. E não estão em absoluto em contradição com a tese do calvinista Paul Schrader, roteirista de Martin Scorcese em filmes que também tratam da remissão dos pecados, como *Motorista de Táxi (Taxi Driver)*, de 1975, e *Touro Indomável (Raging Bull)*, de 1980, e depois ele próprio diretor. Em *Gigolô Americano (American Gigolo)*, também de 1980, Schrader conta a história de um prostituto que vai preso e repete, na sua última fala, as palavras do batedor de carteiras de *Pickpocket*. O gigolô interpretado por Richard Gere precisa ir preso para encontrar a verdadeira liberdade. Diante da mulher, ele diz que foi um longo caminho até chegar a ela, abrindo-se para o amor.

Schrader escreveu uma tese sobre Bresson, fazendo a ligação entre ele e outros dois mestres: o japonês Yasujiro Ozu e o dinamarquês Dreyer. O que os une, segundo Schrader, é o estilo transcendental. Talvez seja mais do que isso. Dreyer, em *O Martírio de Joana D'Arc*, talvez tenha sido o único outro diretor a traduzir na tela, com propriedade, aquela manifestação divina que Bresson mais de uma vez identificou nos animais: o olhar de Balthazar na morte, aceito o seu sacrifício, o do cavalo de *Lancelot du Lac*. Esse último é um olhar atônito em que muitos críticos identificam o da tela de Caravaggio em que São Paulo vê a luz no caminho de Damasco. E se Ozu não busca o sagrado em seu cinema, seu olhar sobre a desintegração da família tradicional japonesa vem acompanhado de uma sabedoria zen que o leva a aceitar o Mu, o vazio. Foi, aliás, o ideograma japonês correspondente a essa palavra que Ozu fez gravar em sua lápide, uma pedra de mármore sem nenhuma outra inscrição, nem o nome do diretor. Nos filmes dos três, o homem pode estar à deriva, mas até no fundo do abismo esses autores conseguem descobrir sinais de esperança, sem fazer concessões aos *happy ends* babacas que Hollywood tanto gosta de celebrar.

Era uma Vez em Tóquio, filme de Yasujiro Ozu

BILLY WILDER – QUANTO MAIS CRÍTICO, MELHOR

Foto do filme *Quanto mais quente melhor*

Billy Wilder virou uma rara unanimidade. Morreu em 2002, aos 95 anos. Sonhava morrer aos 104, assassinado por um marido ciumento que o encontrasse na cama com sua mulher. Não conseguiu realizar a última fantasia, mas no fim da vida era tido e havido como gênio. Era mesmo, mas para chegar a esse último estágio da adoração muitos críticos tiveram de esquecer o quanto lhes desagradaram os derradeiros filmes do mestre. O último, então, *Amigos, Amigos, Negócios à Parte (Buddy Buddy)*, de 1981, foi considerado um fiasco. Como Wilder, a partir daí, nunca voltou a filmar, ficou mais fácil lembrar-se só de suas obras-primas. O máximo de divergência que os fãs se permitem é na hora de escolher o melhor Wilder. Uns acham que é o clássico *noir Crepúsculo dos Deuses (Sunset Boulevard)*, de 1950, outros, que é *Quanto Mais Quente Melhor (Some Like It Hot)*, sua sensacional comédia de 1959. Talvez estejam errados. E se o melhor Wilder for o de *A Primeira Página (The Front Page)*, de 1974, verdadeiro hino de amor aos tempos heróicos do jornalismo americano?

Ele já havia investido contra a imprensa marrom em *A Montanha dos Sete Abutres (Ace in the Hole/The Big Carnival)*, de 1951, mostrando Kirk Douglas como um jornalista disposto a tudo para conseguir uma manchete, até a deixar um infeliz morrer soterrado numa mina (e ainda se aproveitar da mulher dele). Exatamente 23 anos mais tarde, quando voltou ao tema adaptando a peça de Ben Hecht que já havia sido filmada por Lewis Milestone (*Última Hora*, de 1931) e Howard Hawks (*Jejum de Amor/His Girl Friday*, de 1940), beneficiou-se do clima criado pela dupla de jornalistas Bob Woodward e Carl Bernstein na investigação do escândalo que levou o nome de Watergate e levou à renúncia do então presidente, Richard Nixon. Wilder foi fundo na questão e ultrapassou as fronteiras do jornalismo para discutir até onde podem ir um jornal ou um país em defesa de seus interesses.

Wilder sabia sobre o que falava. Austríaco como outros grandes de Hollywood – Otto Preminger, Fritz Lang, Max Ophuls, Erich von Stroheim e Josef von Sternberg –, ele se iniciou na vida como jornalista. Contava que certa vez, em Viena, foi incumbido de entrevistar o próprio Dr. Sigmund Freud. Rumou para o endereço famoso da Bergasse Strasse, mas o máximo que conseguiu foi estender o olho para o divã do psicanalista. Tão logo viu no cartão que Wilder era jornalista, Freud, laconicamente, indicou-lhe a porta da rua. Por melhores (e mais impactantes) que sejam seus filmes sobre jornalismo, os críticos preferem o Wilder *noir* ou aquele que fez, com o travesti de Tony Curtis e Jack Lemmon, a comédia votada como a melhor de todos os tempos numa enquete feita pelo American Film Institute, em 2000.

O cinema surgiu em sua vida quando morava em Berlim. Num café com amigos, co-escreveu o roteiro do que viria a ser *Menschen am Sonntag*, de Robert Siodmak. Escreveu mais dez roteiros, antes que a consolidação do nazismo no poder o obrigasse a fugir para Paris. Lá realizou o primeiro filme como diretor, *Mauvaise Graine*, em 1933. Como os nazistas continuassem avançando pela Europa, tomou o rumo dos Estados Unidos, onde se estabeleceu, primeiro como roteirista. Escreveu para Ernst Lubitsch (*Ninotchka*, de 1939, com Greta Garbo). Iniciou uma dupla de sucesso com Charles Brackett, que continuou até 1950. Ambos assinavam os roteiros conjuntamente, mas Wilder dirigia e Brackett produzia. Ganharam assim o Oscar com o mais *noir* de todos os filmes *noir*, como chegou a ser definido *Pacto de Sangue (Double Indemnity)*, de 1945, com Barbara Stanwyck como a mulher fatal que induz o amante (Fred MacMurray) a matar seu marido. Edward G. Robinson faz o detetive que investiga o caso para a seguradora e desmascara a dupla.

Cinco anos depois fizeram outro clássico *noir* que desfruta de uma reputação ainda mais cultuada. *Crepúsculo dos Deuses* permanece até hoje como um dos melhores, senão o melhor filme já feito sobre os bastidores de Hollywood. Gloria Swanson faz Norma Desmond, a estrela do cinema mudo que vive numa mansão com o mordomo que foi, no passado, seu amante e diretor. O papel é interpretado pelo lendário Erich von Stroheim, que dirigiu, nos anos 1920, um filme muito avançado para sua época. Hollywood não entendeu *Ouro e Maldição (Greed)* e o filme foi barbaramente mutilado. Norma vive dizendo que o cinema encolheu e os filmes ficaram menores. Planejando um retorno triunfal, ela contrata um pretendente a escritor para escrever o roteiro de um filme inspirado no mito de Salomé. Entra em cena William Holden. Vira o novo amante de Norma. Uma cena de beijo oferece um dos retratos mais aterradores da prostituição masculina na tela. Quando Holden resolve libertar-se dela, Norma/Gloria o mata.

    A presença de figuras mitológicas do passado (Gloria, Stroheim e Buster Keaton, que também está no elenco) confere autenticidade ao relato, e o cenário da mansão barroca acentua o clima de decadência, mas o que realmente desconcertou o público da época e contribuiu para o culto em torno de *Crepúsculo dos Deuses* foi a decisão de Wilder e Brackett de fazer com que a história seja contada por Holden, após ser assassinado. Ao tornar-se o narrador além-túmulo do próprio infortúnio, o protagonista masculino de *Crepúsculo dos Deuses* encarna uma espécie de *Memórias Póstumas de Brás Cubas*, a obra-prima literária de Machado de Assis – que Wilder afirmava desconhecer –, para o cinema. No desfecho, a enlouquecida Norma é levada para a cadeia pelo policial interpretado por Cecil B. de Mille, que havia sido diretor de filmes importantes com Gloria Swanson, 30 anos antes. Realidade e ficção se misturam quando ela faz um gesto dramático – o rosto atirado para atrás, as mãos avançando com aquelas unhas de vampira – e diz que está pronta para o close, Mr. De Mille.

Foto do filme *Crepúsculo dos deuses*

Apesar de toda a sua fama, *Crepúsculo dos Deuses* não ganhou o Oscar, que, naquele ano, foi para *A Malvada (All about Eve)*, de Joseph L. Mankiewicz, que desvenda os bastidores do teatro com a mesma virulência com que Wilder focaliza os do cinema. Bette Davis também cria uma personagem "maior do que a vida" (*bigger than life*) em *A Malvada*, mas nem ela nem Gloria venceram o Oscar de 1950. Face ao impasse, para não ter escolher entre as duas grandes atrizes, a Academia de Hollywood preferiu premiar a Judy Holliday de *Nascida Ontem (Born Yesterday)*, de George Cukor, e não se pode dizer que tenha cometido uma injustiça. Um ano depois de *Crepúsculo dos Deuses*, Wilder, agora já separado de Brackett, prosseguiu na vertente *noir* com *A Montanha dos Sete Abutres*. O filme é importante por duas razões. Em pleno macarthismo, o diretor, um estrangeiro na América, não teve medo de correr o risco de ser chamado de antiamericano ao mostrar uma multidão facilmente manipulável e um mocinho que age como bandido, merecendo a punição que recebe. Mais importante até do que isso, o fracasso de *A Montanha dos Sete Abutres* na bilheteria levou-o a uma mudança. Wilder passou a temperar com humor suas críticas à sociedade americana. E iniciou nova parceria, agora com o roteirista I. A. L. Diamond.

Nessa fase de comédias, Wilder consolidou várias parcerias, além daquela com Diamond. Fez dois filmes com Audrey Hepburn (*Sabrina*, 1954, e *Amor na Tarde/Love in the Afternoon*, de 1957), duas com Marilyn Monroe (*O Pecado Mora ao Lado/The Seven Year Itch*, de 1955, e *Quanto Mais Quente Melhor*), duas com Shirley MacLaine (*Se o Meu Apartamento Falasse/The Apartment*, de 1960, e *Irma la Douce*, de 1963), seis com Jack Lemmon, incluindo as duas com Shirley, uma com Juliet Mills (*Avanti, Amantes à Italiana*, de 1972) e as três em que o ator dividiu a cena com Walter Matthau (*Uma Loira por Um Milhão/The Fortune Cookie*, de 1966; *A Primeira Página* e

Amigos, Amigos, Negócios à Parte). Com Audrey, as comédias são românticas e sofisticadas. Nada mais compreensível: são o produto de dois europeus emigrados, céticos e cultos. Sabrina, a filha do chofer, tem o olho num patrão (William Holden) e conquista o outro (Humphrey Bogart). É uma moderna Cinderela e ficou chiquérrima com o figurino que o diretor encomendou ao estilista Givenchy. Com Marilyn, a combinação é mais explosiva. Wilder parte do próprio mito da atriz, o maior símbolo sexual do cinema, e ousa ser vulgar para ser mais eficiente.

Aqui não é tanto a roupa, mas a falta dela, o que interessa. Em *O Pecado Mora ao Lado*, Tom Ewell, como o homem casado sozinho na cidade grande – a família está na praia –, sai do sério quando o vento do metrô levanta o vestido da vizinha e deixa à mostra as calcinhas de Marilyn. É uma das imagens mais famosos do cinema americano dos anos 1950. Inspirou Gene Wilder quando ele fez, nos anos 1980, outra comédia, *A Dama de Vermelho (Woman in Red)*, com Kelly LeBrock repetindo a performance de Marilyn. Quatro anos depois de *O Pecado Mora ao Lado*, Billy Wilder chamou de novo Marilyn. E fizeram *Quanto Mais Quente Melhor*, numa fase em que ela continuava gloriosa, fisicamente, mas já estava despencando, psiquicamente. Marilyn tinhas dificuldade para se concentrar, errava os diálogos, obrigava o diretor a repetir as cenas dezenas de vezes. Ele dizia que era desgastante, mas tudo ficava esquecido quando via Marilyn na tela. Em *Quanto Mais Quente Melhor*, ela faz justiça ao nome da personagem que interpreta. A câmera pode passear por seu bumbum, objeto de desejo de todos os machos do planeta por volta de 1960, mas Marilyn é puro açúcar. Não por acaso, chama-se Sugar.

Quanto Mais Quente Melhor sempre foi considerada uma grande comédia e rendeu rios de dinheiro para Wilder. Mas, em 1988, o próprio diretor caiu duro quando uma enquete promovida pelo historiador canadense John Kobal junto a 70 críticos de todo o mundo (nenhum do Brasil) apontou *Quanto Mais Quente Melhor* como o primeiro entre os cem maiores filmes de todos os tempos. O exagero foi corrigido doze anos mais tarde (brincadeirinha...) quando o clássico de Wilder foi votado "só" como a melhor comédia do cinema. Na história, Tony Curtis e Jack Lemmon são músicos que testemunham tiroteio mortal entre gângsteres e fogem, vestidos de mulher, integrando-se a uma orquestra de senhoritas, da qual faz parte Marilyn. Curtis disfarça-se mais uma vez (como milionário impotente) para seduzir Marilyn.

A cena em que trocam um beijo langoroso teve de ser repetida tantas vezes, por causa da falta de concentração de Marilyn, que Curtis calculava que ambos devem ter se beijado mais de mil vezes. Por isso mesmo ele odiava Marilyn e dizia que teria sido mais fácil beijar Adolf Hitler. Lemmon, por sua vez, é perseguido por um milionário, interpretado por Joe E. Brown, que diz a frase mais famosa do filme, quando descobre, na última cena, que o objeto do seu desejo não é uma mulher: "Ninguém é perfeito". Desde então, os críticos passaram a dizer que os homens podem ser imperfeitos nas comédias de Billy Wilder, mas elas são perfeitas. Não é totalmente verdadeiro, veja-se a comédia seguinte do diretor. *Se o Meu Apartamento Falasse* ganhou os Oscars de melhor filme e direção de 1960. É brilhante, mas tem um erro fundamental. Ninguém mais acredita que um executivo como o interpretado por Fred MacMurray não tenha dinheiro para manter uma garçonnière e precise recorrer ao apartamento do subalterno interpretado por Jack Lemmon. Mais fácil é acreditar que este último se utilize do recurso para ser promovido.

Divertida e irônica como ataque ao puritanismo americano, *Se o Meu Apartamento Falasse* é uma comédia sobre os riscos da receita que inclui sexo. Lemmon apaixona-se pela ascensorista, que tenta o suicídio justamente em seu apartamento, ao ser abandonada pelo chefe canalha. O tema do sexo como risco voltou em *Irma la Douce*, feito três anos mais tarde e que se passa numa fantasiosa Paris que o diretor fez reconstituir em estúdio (um trabalho prodigioso do diretor de arte Alexander Trauner). Jack Lemmon faz agora Gaston, o policial que é demitido e vira gigolô de Irma, a prostituta mais quente da cidade (Shirley MacLaine). Só que Gaston não agüenta compartilhar a mulher com outros homens e cria um personagem fictício, um aristocrata impotente, que se transforma no único cliente de Irma. Para pagar a conta, Gaston trabalha como um condenado e começa a negligenciar a amante na cama. Quando Irma cura a suposta impotência do cliente, Gaston, com ciúmes, mata o conde ou é o que as pessoas pensam. É levado a julgamento e salvo pelo discurso apaixonado de seu advogado, que não é outro senão o dono do cabaré, que vive repetindo o bordão: "Mas esta é outra história..."

Entre essas duas jóias, Wilder cometeu a primeira comédia sobre a Guerra Fria. Quase foi queimado pelos críticos, que não gostaram nem um pouco de *Cupido não Tem Bandeira (One, Two, Three)*, de 1961, com James Cagney como diretor de uma fábrica da Coca-Cola em Berlim Ocidental, cooptado por emissários soviéticos interessados em que a fábrica se transfira para o outro lado da Cortina de Ferro. Stanley Kubrick, três anos mais tarde, faria a melhor comédia sobre a Guerra Fria, posto que ninguém tira de *Doutor Fantástico (Doctor Strangelove)*, que tem aquele subtítulo quilométrico: *Como Eu Aprendi a Amar e a Odiar a Bomba*. Wilder foi pioneiro, e o problema é que sua farsa surgiu justamente em meio a uma crise política que culminou com a construção do Muro de Berlim. Ninguém achou graça que um austríaco, naturalizado americano, fosse usar um quadro tão delicado para expor o que há de ridículo tanto no comunismo quanto no capitalismo.

Mais de 20 anos antes, Wilder escrevera *Ninotchka* para Lubitsch. O filme põe Greta Garbo no papel da agente soviética que é enviada a Paris para investigar desvios ideológicos de companheiros comunistas e descobre a liberdade – que para Lubitsch pode ser resumida na fórmula "caviar & champanhe" – nos braços do playboy interpretado por Melvyn Douglas. O desprezo dos críticos por *Cupido não Tem Bandeira* não impede que se comprove o quanto são divertidas certas citações e referências do autor. O personagem de Cagney se chama C. R. MacNamara, e não era coincidência nenhuma que o secretário de Estado americano da época fosse um certo Robert S. MacNamara, que muita gente identificava como o gângster na equipe do então presidente John F. Kennedy. Outra casualidade: sua filha, interpretada por Pamela Tiffin, chama-se Scarlett e, quando ela foge do pai para juntar-se ao sedutor comunista interpretado por Horst Buccholz, outro personagem observa filosoficamente que Scarlett "se foi com vento". Para completar, o personagem de Buccholz chama-se Otto Ludwig, que era o nome do diretor Otto Preminger, grande austríaco, como Wilder, emigrado para Hollywood.

Da produção posterior de Wilder, além de *A Primeira Página*, merece ser retirado o mais hitchcockiano dos filmes de suspense que Alfred Hitchcock não realizou. Sempre houve críticos buscando filmes que se enquadrassem na definição, mas ela é particularmente perfeita para *A Vida Íntima de Sherlock Holmes (The Private Life of Sherlock Holmes)*, de 1970, com seu mestre da dedução homossexual e drogado. Os mitômanos reclamaram, mas Wilder justificou-se dizendo que não havia inventado nada. Estava tudo nos livros de Sir

Arthur Conan Doyle. Por falar nisso, ele dizia que sua vida também era um livro aberto, com a ressalva de que talvez fosse levemente pornográfico. Como seu mestre Ernst Lubitsch, que exercitou o "Lubitsch touch" em inúmeras comédias, há um "Wilder touch" que o próprio Billy definia da seguinte maneira: "Tomar um clichê difundido e mostrar a outra face da moeda".

Para os que acham que sua obra é, toda ela, uma celebração do disfarce colocado a serviço da crítica cultural, há ainda um filme que não pode ser esquecido. *Testemunha de Acusação (Witness for the Prosecution)*, de 1958, é um raro drama que ele fez numa fase em que já se dedicava exclusivamente à comédia. O filme possui a fama de ser a melhor adaptação de Agatha Christie feita pelo cinema. Três mitos, a vamp Marlene Dietrich, o ogro Charles Laughton e o dândi Tyrone Power, são os principais nomes do elenco. Power é levado a julgamento, acusado de assassinato. Surge a tal testemunha de acusação. Ao cabo de muitas peripécias, é por causa dela que Power é inocentado, mas ainda não é o fim. O fim só vem depois de um novo assassinato e da fala famosa do juiz Charles Laughton para definir a personagem de Marlene: "Remarkable woman". Poderia se dizer também: "Remarkable director". Mas esta, como diria o próprio Wilder, é outra história...

ROBERT ALDRICH – O ÚLTIMO BRAVO

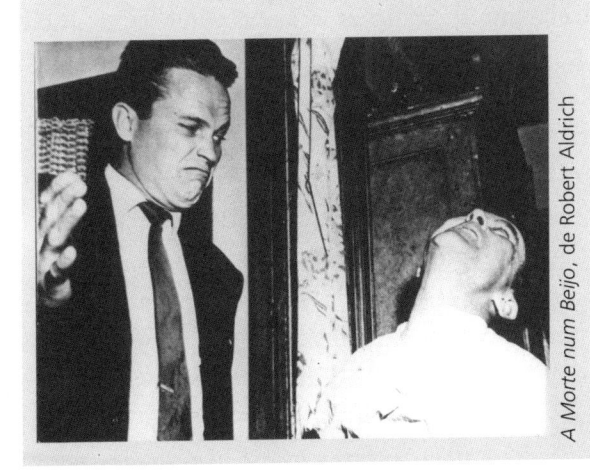

A Morte num Beijo, de Robert Aldrich

Nunca houve um diretor como Robert Aldrich. Maiores, houve muitos. Menos importantes, nem se fala, mas ninguém como ele renasceu tantas vezes das próprias cinzas, encarnando, no cinema, o mito da fênix. A ave mitológica forneceu-lhe, por sinal, o título de um de seus filmes nos anos 1960, O *Vôo do Fênix (The Flight of the Phoenix)*, numa daquelas épocas em que ele estava renascendo. Os críticos decretaram muitas vezes sua morte artística, a partir do final dos anos 1950. Aldrich insistia em dar a volta por cima. Fez mais concessões à vulgaridade do que qualquer outro grande diretor. Digeriu sapos com a facilidade de um ganso treinado. Deixou o legado de uma obra permeada de momentos notáveis. Acima de tudo, sua carreira, encerrada em 1983 – morreu aos 65 anos –, vale como testemunho das dificuldades que artistas íntegros sempre enfrentaram no cinema americano.

Aldrich pertencia àquela geração que irrompeu em Hollywood nos anos 1950. Outros, da mesma geração, já vinham se exercitando desde o final dos anos 1940 e até um pouco antes. Nicholas Ray, Anthony Mann, Richard Brooks, Samuel Fuller. Alguns críticos põem na mesma lista Joseph L. Mankiewicz, Elia Kazan, Joseph Losey, Don Siegel e até o grande mestre da produção B, Joseph H. Lewis. Mesmo os que começaram um pouco antes tiveram nos anos 1950 a sua grande fase. O cinema e o mundo iam mudar nos anos 1960, a década das grandes transformações. Na década anterior, em Hollywood, esses diretores já criticavam o sonho americano, antecipavam a revolução que estava por vir.

Jean-Luc Godard, nos seus tempos de crítico, escreveu certa vez no *Cahiers du Cinéma* que, se fosse possível fundir Nicholas Ray e Anthony Mann, o resultado seria o maior diretor de cinema do mundo. Ninguém sabia revelar um personagem no plano interior como Ray, ninguém era melhor no plano externo do que Mann. Ray, que dizia que o cinema é "a melodia do olhar", escolheu, para personagem central de seus filmes, o homem ferido. Criou obras de um lirismo imenso, que ajudam a entender o culto de que é objeto até hoje. E são obras de grande riqueza sociológica: *Juventude Transviada (Rebel Without a Cause)*, de 1955, que está na origem do mito de James Dean, é um de seus filmes definitivos. Mann destacou-se no cinema de ação, primeiro no *thriller* policial de inspiração *noir*, depois numa memorável série de *westerns* interpretada por James Stewart até criar com *El Cid*, no começo dos anos 1960, o mais grandioso dos épicos.

Os *westerns* de Mann, filmes como *Winchester 73*, de 1950, ou *O Preço de Um Homem (The Naked Spur)*, de 1952, são o que de mais perfeito e puro o gênero produziu, escreveram Bertrand Tavernier e Jean-Pierre Coursodon em seus livros que fazem a revisão crítica do cinema americano. Pode ser que a "pureza" de Mann não fosse a mesma dos *westerns* de John Ford ou dos de Budd Boetticher, da mesma natureza, pelo menos. Mann será sempre, ou quase sempre, o psicanalista do *western*. *Almas em Fúria (The Furies)*, de 1953, deita os mitos do gênero no divã do Dr. Freud. Ray teve um final de carreira melancólico após o fracasso, de público e crítica, de duas superproduções sucessivas que fez com Samuel Bronston, na Espanha: *O Rei dos Reis (King of Kings)* e *55 Dias de Pequim (55 Days at Peking)*. É o cineasta dos atormentados. A paz de Jesus Cristo não é um bom material para ele. Mann saiu-se melhor com Bronston: *El Cid* é sublime, e *A Queda do Império Romano (The Fall of the Roman Empire*, de 1963), que antecipa *Gladiador (Gladiator)*, de Ridley Scott, de 2000, é, no seu desfecho extraordinário, o mais glauberiano dos filmes que Glauber Rocha não realizou. Mann fez o *Terra em Transe* da Antiguidade clássica.

E Robert Aldrich? Filho de um próspero banqueiro da Costa Leste dos Estados Unidos, o jovem rico abriu caminho em Hollywood primeiro trabalhando como assistente de direção. Desta maneira integrou a equipe de filmes de diretores como Jean Renoir, Lewis Milestone, Joseph Losey, Abraham Polonsky e o próprio Charles Chaplin. O primeiro filme, sobre esporte, *The Big Leaguer*, de 1953, não obteve muita repercussão. O segundo, *Pânico em Cingapura (World for Ramson)*, de 1954, foi mutilado pelo estúdio, que achou o começo excessivo (e era um escândalo para a época). Parte do close de um beijo, a câmera vai se afastando e o espectador vê que o beijo é de duas mulheres. Aldrich teve de esperar quase 20 anos, mas em *Triângulo Feminino (The Killing of Sister George)*, de

1969, ele fez, com Susannah York e Beryl Reid, as cenas mais fortes entre mulheres que o cinema mostrou em filmes que não são de sexo explícito. A partir do terceiro filme, Aldrich mostrou a que veio.

Explodiu, sucessivamente, as convenções de três gêneros: o *western*, em *O Último Bravo (Apache)* e *Vera Cruz*, o filme *noir*, em *A Morte num Beijo (Kiss Me Deadly)*, e o filme de guerra, em *Morte sem Glória (Attack!)*. Também investiu contra os bastidores do próprio cinema em *A Grande Chantagem (The Big Knife)*, tendo sido todos esses filmes realizados entre a segunda metade de 1954 e a primeira de 1956. Algo de novo e forte estava se passando em Hollywood. Aldrich respondia ao estupor moral da era de Eisenhower e do senador McCarthy com o dedo em riste de um liberal enfurecido. Um admirador do artista desde a primeira hora, o crítico Manny Farber, chegou a escrever que Aldrich virou um especialista em ser do contra. Era mesmo: nos filmes citados, todos construídos em torno ao tema ou à noção de um mundo em perigo, Aldrich investiu contra tudo e todos.

O racismo dos caras-pálidas, a sordidez da indústria cinematográfica, o individualismo do detetive Mike Hammer, a guerra. Pode-se citar também *Folhas Mortas (Autumn Leaves)*, mas o melodrama de 1955 se ressente de uma deficiência básica de Aldrich: bom em cenas de ação e violência, ele não se sentia muito à vontade em cenas românticas. Não era do seu feitio, mas mesmo num filme como esse o cineasta vai fundo na rejeição da moral e da repressão burguesas. O melhor de todos é *A Morte num Beijo*, que *Cahiers du Cinéma*, na fase de capa amarela, definiu como "obra-prima absoluta". Se o mundo está sempre em perigo no cinema de Aldrich, nunca ele foi mais apocalíptico do que aqui. O filme termina com uma explosão atômica, perto da qual tornam-se irrelevantes todos os atos desumanos e cruéis de Mike Hammer.

Embora o cineasta tenha lamentado, mais tarde, haver-se inspirado num escritor fascista como Mickey Spillane, *A Morte num Beijo* é um dos filmes pelos quais ele será sempre lembrado. O tempo respeitou suas qualidades e não diminuiu em nada o seu impacto. Mas ser do contra trouxe desvantagens a Aldrich: em 1957, foi afastado de *Clima de Violência (The Garment Jungle)*, quando todas as cenas do filme já haviam sido rodadas. A justificativa foi de que ele exagerara ao estabelecer a violência da ligação entre sindicatos e gângsteres. Aldrich foi substituído por Vincent Sherman e o filme foi esvaziado na montagem. Começou uma fase difícil, a primeira morte de Aldrich, da qual ele só começou a emergir com *O Que Terá Acontecido a Baby Jane? (Whatever Happend to Baby Jane?)*, de 1962. O *grand-guignol* com Bette Davis e Joan Crawford pode ter horrorizado os críticos, e eles se perguntaram o que havia acontecido ao próprio diretor, mas o sucesso comercial não apenas relançou a carreira de Bette, em baixa na época, como deu cacife ao cineasta para renascer das próprias cinzas.

Começa aí uma fase muito interessante de Aldrich, que, de alguma forma, refaz os cinco ou seis filmes da sua grande fase. *Os Doze Condenados (The Dirty Dozen)*, de 1967, e *Assim Nascem os Heróis (Too Late the Hero)*, de 1970, aprofundam *Morte em Glória*. *A Lenda de Lylah Clare (The Legend of Lylah Clare)*, de 1968, torna transparente, com sua vulgaridade espantosa, a canalhice do universo do cinema de *A Grande Chantagem* e ainda propõe

Cena do filme *Os doze condenados*

cenas ousadas de homossexualismo feminino. O filme de gângsteres *Resgate de Uma Vida (The Grissom Gang)*, de 1971, não é apenas considerado a melhor adaptação de James Hadley Chase – o que talvez não seja, pois houve, dez anos antes, a *Eva* do mentor de Aldrich, Losey –, também reinventa o apocalipse de *A Morte num Beijo*. E *A Vingança de Ulzana (Ulzana's Raid)*, de 1972, refaz *O Último Bravo* de forma ainda mais intensa. É um dos últimos grandes *westerns* do cinema e um dos filmes antropologicamente mais ricos já feitos.

O estúdio havia imposto um final feliz ao filme antigo, Aldrich aqui foi acusado de racismo por mostrar os índios que brincam com a cabeça decepada de um cara-pálida. É aí que ocorre o decisivo encontro do guia interpretado por Burt Lancaster, McIntosh, e o batedor índio da Cavalaria, Kenitay (Jorge Luke). Eles conversam ao pé do fogo, McIntosh comenta a barbárie do chefe que escapou da reserva e que eles estão caçando. Kenitay então lhe explica o porquê da violência de Ulzana. Na reserva, ele diz, o índio vai definhando até perder a coragem e a força. Matando com crueldade, Ulzana se apossa da força dos inimigos brancos, retempera suas energias. Essa violência aparentemente irracional de Ulzana é, portanto, uma forma de ele recuperar a graça, de reafirmar a força de sua cultura. A ironia disso tudo não pode ser mais aldrichiana.

Os Doze Condenados também foi acusado de trair *Morte em Glória*, transformando a reflexão do outro filme em pura violência gratuita. O filme é realmente violento, e Aldrich, ao bancar a realização com o dinheiro que recebeu de *O Que Terá Acontecido a Baby Jane?*, forçou o arquivamento do Código Hays, que disciplinava o uso do sexo e da violência em Hollywood. Depois do sucesso desses filmes – e dos *westerns* de Sam Peckinpah e de *A Primeira Noite de Um Homem (The Graduate)*, de Mike Nichols, de 1967 –, o código foi enterrado. Iniciou-se uma era de liberdade que alguns artistas usaram para refletir sobre o seu tempo e outros apenas para faturar, verbalizando e mostrando o que não podia ser dito e visto. Aldrich também foi acusado de fazer isso, mas a tese de *Os Doze Condenados*, veiculada num grande espetáculo de aventura, como o diretor queria, é a mesma de *Morte sem Glória*, indo até adiante do outro filme. A guerra, segundo Aldrich, é um exercício de assassinos travestido em patriotismo. Se o sujeito mata uma pessoa vai preso. Se mata cem na guerra vira herói.

Em *Assim Morrem os Heróis*, essa idéia fica ainda mais clara. O soldado interpretado por Michael Caine diz que mais vale ser um covarde vivo do que um herói morto. É o único que chega vivo no final e ainda ganha uma medalha, em outra daquelas ironias bem aldrichianas. Feito em plena Guerra do Vietnã, o filme força a aproximação ao transformar a selva filipina da época da II Guerra Mundial numa vegetação tão espessa e traiçoeira como aquela em que se desenrolava a guerra que os Estados Unidos travavam no momento. As bandeiras esfarrapadas representam bem a desilusão do diretor em relação aos sistemas que matam os homens para transformá-los em heróis. Aldrich teve aí outra de suas mortes simbólicas. Havia criado seu estúdio, mas Hollywood tratou de destruí-lo. O fracasso de público de *Assim Nascem os Heróis* acelerou a queda. O estúdio fechou e Aldrich, endividado, voltou a engolir sapos. Nem por isso entrou nos eixos. *O Imperador do Norte (The Emperor of the North)*, de 1973, fez de Lee Marvin e Ernest Borgnine oponentes brutais num conflito que toma como base a depressão econômica dos anos 1930 para discutir a exclusão social e a morte do humanismo. Seis anos mais tarde, o último *western* do diretor (*The Frisco Kid*) propõe o improvável encontro de um rabino e um pistoleiro, Gene Wilder e Harrison Ford, para discutir, à luz da Torá, o valor da vida humana num mundo de lei e ordem cada vez mais precárias.

Levou até o fim sua aversão ao militarismo, voltando ao tema no crepúsculo de sua carreira. O *Último Brilho do Crepúsculo (Twilight's Last Gleaming)*, de 1976, põe Burt Lancaster na pele de um oficial preso por assassinato que sai da cadeia e, com a ajuda de dois cúmplices, invade uma base de mísseis nucleares, exigindo US$ 10 milhões e um refém, o próprio presidente dos Estados Unidos. O que ele quer, mesmo, é que o presidente divulgue, em cadeia nacional, o conteúdo do documento 9758, do Conselho de Segurança da Organização das Nações Unidas, que relata os verdadeiros motivos que deram origem à Guerra do Vietnã e que não são nem um pouco aqueles chavões democráticos brandidos pela Casa Branca contra o comunismo para angariar simpatias.

Nesse cinema tão violento, onde o herói, via de regra, é tão criticado, Aldrich apreciava trabalhar com personagens contrastantes, mas não gostava de dividi-los em bons e maus absolutos. O bom podia até vencer, já que o cineasta, mesmo do contra, continuava preso a muitas das convenções hollywoodianas, mas é exemplar o comportamento de Burt Lancaster em *Vera Cruz*. Antes de morrer, seu personagem confessa que desconfia do companheiro, Gary Cooper – a representação acabada do herói americano –, porque ele ama o próximo em demasia e isso não lhe parece natural. Detalhes como esse e a perversidade que anima *A Morte num Beijo* mostram que Aldrich, mais do que qualquer outro diretor, foi quem deu forma definitiva à paranóia americana no cinema.

Por causa disso, ele costuma ser comparado a Samuel Fuller, outro grande daquela geração que se consolidou em Hollywood, nos anos 1950, e também passou a vida brigando com os estúdios para fazer seus filmes violentos. Fuller dá em *O Demônio das Onze Horas*, o célebre *Pierrot le Fou*, de Jean-Luc Godard, de 1965, a sua definição de cinema. Resume tudo numa palavra: emoção. Os críticos gostam de dizer que o cineasta sempre soube do que falava nos filmes. Jornalista, foi fundo em matérias investigativas sobre corrupção e crime, que alimentaram seus policiais. Recrutado em 1942, combateu no norte da África e da Europa nas fileiras da primeira divisão de infantaria, a *Big Red One*, que lhe inspirou o filme autobiográfico de 1980 (no Brasil, chamou-se *Agonia e Glória*). Na guerra de Fuller, não existem heróis, só sobreviventes. Na de Aldrich existem heróis amargurados, que não são confiáveis porque não se iludem: sabem que a sociedade que os condecora também os discrimina e marginaliza. Aldrich, no fundo, era ainda mais derrisório do que Fuller: desde *Morte sem Glória* insistia na sua tese de que a guerra exalta o ímpeto de destruição que a sociedade civil pune em tempo de paz.

Todos esses diretores americanos dos anos 1950 – Ray, Mann, Fuller e Aldrich – exerceram influência decisiva sobre autores fundamentais. Godard e Wim Wenders foram apenas dois deles, mas se você é cinéfilo sabe do efeito multiplicador que os tributos de ambos tiveram em todo o mundo. Há autores, neste livro, que são lembrados porque fizeram avançar a linguagem e reafirmaram o caráter artístico do cinema. E há os que passaram a vida lutando por suas convicções. Aldrich talvez fosse mais cínico do que Fuller, mas compartilhava com ele a convicção de que os filmes, em todo o mundo, são feitos para ganhar dinheiro. Apenas uma pequena parcela é feita porque os diretores acreditam em suas idéias e nas histórias que querem contar. A desintegração dessa geração, a maneira como foi sendo assimilada e diluída pelo cinemão, é fonte de permanente tristeza para incontáveis cinéfilos. O cinema não teria sido o mesmo sem esses diretores. Entre todos eles, Aldrich foi o que talvez melhor soube vender a alma ao Diabo para deixar o testemunho de sua lucidez em relação a um mundo que só lhe produzia desilusão.

Nouvelle vague – uma questão de moral

Incompreendidos, de François Truffaut

Em 1959, no quadro do Festival de Cannes, realizou-se em La Napoule um colóquio dos jovens diretores que estavam revolucionando o cinema francês da época. Participaram, entre outros, Jean-Luc Godard, François Truffaut, Claude Chabrol e Louis Malle. Na época, já se falava muito da nouvelle vague, mas Chabrol disse que era apenas uma invenção da revista *L'Express* para definir aquela geração de novos diretores. Acrescentou que não havia onda nenhuma e que, se houvesse, o importante era saber nadar. Acrescentou que o único filme revolucionário ligado ao movimento era *Hiroshima,*

Meu Amor, de Alain Resnais. Ao movimento? O próprio Chabrol reconhecia que, ao contrário do neo-realismo, a nouvelle vague não se constituía numa escola ou movimento. Truffaut, procurando estabelecer o elo de ligação entre os diretores emergentes, disse que adoravam os fliperamas dos Champs Elysées. Por mais que Chabrol e Truffaut desdenhassem da suposta escola a que deveriam pertencer, havia mais do que simplesmente a paixão pelos fliperamas a unir aqueles jovens realizadores. Eles se insurgiam contra as regras fixas que entravavam o cinema francês – e que Truffaut, num célebre artigo, chamou, pejorativamente, de "cinema de qualidade" –, somando a essa identidade um tanto genérica uma outra que talvez indicasse que a nouvelle vague era um movimento, quem sabe uma escola, sim. Para ir contra o tal cinema das regras fixas, os jovens diretores franceses transformaram o *travelling* no centro da *mise-en-scène* que praticavam nos filmes. O *travelling*, dizia Godard, era uma questão de moral. Talvez não fosse, inicialmente. Ficou sendo.

Foi bem antes de maio de 1959, quando se realizou o encontro de La Napoule, que os franceses se deram conta de que algo estava se passando no seu cinema e não só aí. No fim dos anos 1950, a juventude descobriu, não sem profundo desconforto, que vivia num país governado pelos velhos. Na política, na música, no cinema, no teatro e na literatura, eram eles que ditavam as cartas. Os velhos mandavam, os jovens que haviam sobrevivido à guerra na Indochina, ou ainda eram muito garotos para ser recrutados, eram chamados agora para lutar em outra guerra, na Argélia. Enquanto isso, do outro lado do Atlântico, Hollywood celebrava um novo tipo de herói, interpretado por astros como Marlon Brando e James Dean.

Esse herói vestia casaco de couro, camiseta, era rebelde e inconformista. Na França, o que havia de mais novo era

Gérard Philippe, mas ele vestia terno, representava os clássicos no teatro e empunhava a espada no cinema (em aventuras como *Fanfan la Tulipe*, de Christian Jacque, de 1951). O modelo americano era mais atraente para a juventude contestadora da França, que ainda sofria a influência do existencialismo, doutrina que se aproximou do niilismo com o filósofo Jean-Paul Sartre. O existencialismo formula o problema da dimensão do ser do homem, afirmando que o existir é uma dimensão primária e radical. Todas as demais coisas se dão na própria existência, na qual está enraizado o pensamento. Dentro desse contexto, havia um *mal du siècle* que rondava a França no período. Agravou-se pelo efeito combinado de dois eventos que tornaram o ano de 1958 decisivo.

Um dos mais prestigiados diretores "clássicos" da França, Marcel Carné, realizou um filme intitulado *Os Trapaceiros (Les Tricheurs)*, e os jovens não se reconheceram no olhar moralista e preconceituoso que o diretor lançou sobre eles. No mesmo ano, morreu precocemente em Paris, aos 40 anos, o crítico André Bazin, principal animador da geração de "jovens turcos" que, agrupada na revista *Cahiers du Cinéma*, batia pesado nos fósseis que reinavam no cinema francês. A morte de Bazin repercutiu. Gerou um debate sobre suas idéias e o tipo de cinema que ele defendia. Cria de Bazin, retirado por ele da via da delinqüência, François Truffaut lançou, no ano seguinte, *Os Incompreendidos (Les Quatre-Cents Coups)*. O filme recebe o prêmio de direção no Festival de Cannes; Resnais também recebeu o prêmio da crítica por *Hiroshima, Meu Amor*. São filmes que Bazin teria amado, especialmente o de Truffaut, assegurava *Cahiers*. Estabeleceram a tal nouvelle vague.

Quando a expressão apareceu pela primeira vez em *L'Express* foi para definir um estado de espírito comum a todos os tipos de manifestação artística que ocorriam na

França. Foi assim que Prêmio Nouvelle Vague foi entregue a uma jovem escritora, Françoise Sagan, que estreou na literatura com apenas 18 anos, e o livro *Bom-dia Tristeza*, com seu retrato de uma adolescente mimada, virou filme de Otto Preminger com Jean Seberg. Muitos dos demais livros e peças que ela escreveu também foram filmados: *O Repouso do Guerreiro* (por Roger Vadim), *Um Castelo na Suécia* (também por Vadim), *A Chamada* (que virou *Chamada para o Amor*, por Alain Cavalier). A partir de 1958-59, o termo passou a ser aplicado quase que exclusivamente a uma fração do cinema francês, aquela que tinha *Cahiers du Cinéma* como Bíblia e referência.

Há controvérsia sobre qual foi, afinal, o marco inicial da nouvelle vague. A consagração pode ter vindo em Cannes, em 1959, com os prêmios para Truffaut e Resnais, mas a origem foi bem anterior. Em 1946, no curta *24 Heures de la Vie d'Un Clown*, Jean-Pierre Melville já utilizava métodos que se tornaram freqüentes com a nouvelle vague. Em 1952, Alexandre Astruc dirigiu *Le Rideau Cremoisi* e consolidou sua idéia da *caméra-stylo*, em voga desde o fim dos anos 1940 e que consistia em usar a câmera como a caneta, para ser autoral. Entre os precursores estavam outros diretores surgidos no biênio 1956-57: Roger Vadim, que lançou o mito Brigitte Bardot em *E Deus Criou a Mulher*; Louis Malle, que dirigiu Jeanne Moreau no policial *Ascensor para o Cadafalso*; e Claude Chabrol, que fez *Nas Garras do Vício* com a mesma dupla de atores, Jean-Claude Brialy e Gérard Blain, que repetiria em *Os Primos (Les Cousins)*, de 1959, propondo curiosos jogos de inversões de um filme para outro. E foram, ainda, precursores da nouvelle vague os curtas de Agnès Varda, como *La Pointe Courte*, de 1954, que Resnais montou.

Esse amplo espectro de filmes e diretores beneficiou-se enormemente do desenvolvimento da tecnologia, com a descoberta da câmera portátil Arriflex e do gravador Nagra. Graças à Arriflex, os jovens diretores franceses criaram uma nova estética, na qual a câmera podia ser levada na mão, dispensando tripé, carrinhos e trilhos. E graças a isso, a essa mobilidade e praticidade, a câmera podia participar da ação, dialogando, ela própria, com os personagens. Essa liberdade da câmera, transformada em *travelling* com preocupação moral, foi uma das principais características da nouvelle vague, mas existiam outras. Os filmes eram todos confessionais, falavam de jovens parisienses da pequena-burguesia, suas aspirações, seus amores, suas frustrações. Os diretores não se envergonhavam do seu individualismo, pelo contrário. Encaravam o sexo como manifestação suprema da comunicação humana, mostravam que a busca do hedonismo é uma aspiração humana, mas essa ideologia "erótica" estava ausente de *Os Incompreendidos*, para citar um caso importante. E como eles eram críticos, faziam um cinema típico de cinéfilo, nutrido de referências. Queriam ser autores e, por isso, insurgiram-se contra o tipo de indústria montada no cinema francês. Truffaut dizia que ser diretor não era uma profissão, era uma vocação. Os filmes eram produções baratas, que os diretores bancavam muitas vezes com recursos próprios. Chabrol ganhou uma providencial herança deixada pelo avô, que pertencia à indústria farmacêutica. Godard recorreu à família, pois o avô era um rico banqueiro. E até Truffaut, criado nas ruas e interno em reformatórios, pôde beneficiar-se do apoio do sogro, um dos principais distribuidores da França.

A palavra de ordem era: fugir da hipocrisia, ser autêntico. Sob a influência de Roberto Rossellini, o neo-realista preferido pelos nouvelle-vaguistas, o roteiro virou uma peça um tanto obsoleta, menos para Resnais, que nunca prescindiu dele, desenvolvendo sua obra com a cumplicidade de escritores que adaptou e a quem encomendou os roteiros. Resnais seria, por isso, apenas um ilustrador de Marguerite Duras (*Hiroshima, Meu Amor*), Alain Robbe-Grillet (*O Ano Passado em Marienbad*, de 1961), Jorge Semprun (*A Guerra Acabou*, de 1966) e David Mercer (*Providence*, de 1976)? No limite, Resnais existiria de verdade?, pergunta em seu *Dicionário de Cinema* o crítico francês Jean Tulard. Ele próprio dá a resposta: para além da contribuição que cada um desses escritores acrescentou ao universo de Resnais, há uma maneira de armar o plano, de estabelecer o ritmo, de jogar com o tempo e o espaço para criar um imaginário que é do cineasta e o transforma em autor.

Hiroshima, Meu Amor é um dos mais belos filmes já feitos. No começo, são peles calcinadas que aparecem na tela. As peles de um homem e uma mulher no ardor da paixão e do sexo. Ele, japonês, ela, francesa. A essas imagens superpõe-se o texto, falado num estilo musical, como se Emmanuelle Riva cantasse. Ela diz que viu tudo no museu de Hiroshima, todo o horror produzido pela explosão da bomba atômica. Ele insiste que ela nada viu. Essa mulher participa de uma filmagem. Que tipo de filme, ele quer saber? Que tipo de filme se pode fazer em Hiroshima? Um filme sobre a paz, ela explica. E então, durante a noite, num breve momento de calma, ela olha o amante que dorme, estendido na cama. Ele faz um gesto com a mão e aquele gesto traz de volta a lembrança de outro homem que essa mulher amou durante a II Guerra Mundial, quando era uma garota no interior da França, em Nevers. O homem era um soldado alemão, na França ocupada. Foi morto pela resistência, e ela passou pela humilhação de ter a cabeça raspada, como se fazia com as mulheres colaboracionistas.

    Ele, ela. Os personagens têm de ser identificados assim, pois não possuem nomes. Só no fim, após um intenso embate verbal – ele agindo como um psicanalista, tentando, persuasivamente, penetrar nos segredos dessa mulher, pois sente que foi aí, em Nevers, que esteve a ponto de perdê-la –, só então ambos se nomeiam, aos olhos um do outro. Eu sou Hiroshima, eu sou Nevers, dizem. É uma linda história de amor, que perderia parte da força e do mistério, seria talvez trivial, se Resnais a narrasse linearmente. Embaralhar o tempo e o espaço – Nevers, o passado, Hiroshima, o presente – rompe com a linearidade, mas não impede a constatação de que o relato tem começo, meio e fim. Vale lembrar como surgiu esse clássico. Resnais já havia feito documentários sobres pintores (*Van Gogh, Gauguin* e *Guernica*), sobre a Biblioteca de Paris (*Toute la Mémoire du Monde*) e o horror dos campos de concentração (*Nuit et Brouillard*).

Quando produtores franceses e japoneses lhe propuseram um filme que seria uma acusação sobre a bomba atômica, ele começou a trabalhar no projeto, mas sentiu que estava a refazer a experiência de *Nuit et Brouillard*. Com carta branca para fazer o que queria, chamou Marguerite Duras para o roteiro e, contra os protestos dela, que queria ser "cinematográfica", exigiu que fizesse literatura. O impacto foi grande e a perfeição da montagem evocou a muitos o gênio de Serguei Mihailovitch Eisenstein. Resnais usava Eisenstein para filtrar Marcel Proust. Sua busca do tempo perdido foi saudada como um marco, uma obra de vanguarda, mesmo que os diretores da nouvelle vague não gostassem do rótulo, de certo para fugir à comparação com a vanguarda francesa dos anos 1930. Veio depois, mais desconcertante ainda, *O Ano Passado em Marienbad*. Resnais buscou inspiração no *nouveau roman* de Robbe Grillet. Contou outra história de amor. Um homem tenta convencer uma mulher de que se encontraram no ano passado em Marienbad. Ele age de novo como um psicanalista, com o mesmo poder de sugestão e persuasão do protagonista japonês de Hiroshima, mas, desta vez, não existem os espaços das duas cidades, só os longos corredores desse palácio pelos quais avança a câmera, adotando o ponto de vista subjetivo dos personagens para ocasionalmente explodir em luz na figura, que sugere um pássaro ou uma esfinge, de Delphine Seyrig, no interior de um dos quartos.

Resnais levou ao limite o gosto pelo exercício de estilo. Mas não ficou só nisso: filmes como *A Guerra Acabou* e *Providence* investigam os universos da política e da arte, falam sobre a angústia existencial com uma densidade digna de Ingmar Bergman. O gosto de Resnais pela inovação prossegue intacto em *Amores Parisienses (On Connait la Chanson)*, seu musical de 1997, vencedor do César, o Oscar do cinema francês. Truffaut, também premiado em Cannes por seu primeiro longa, seguiu outro caminho. Foi sempre o romântico que desconfiava do romantismo, fazendo filmes nos quais o amor é visto como embate entre o gesto impulsivo e a palavra consciente. O primeiro filme foi autobiográfico. Em *Os Incompreendidos*, a câmera começa percorrendo Paris, passa pelos reinos vegetal e mineral (árvores, pedra, ferro) até se deter no rosto do menino. Interpretado por Jean-Pierre Léaud, chama-se Antoine Doinel e é o próprio diretor, que também cresceu revoltado e solitário, produto de um lar desfeito.

Doinel voltou numa série de filmes, na qual o ponto alto, além do primeiro, é *Beijos Proibidos (Baisers Volés)*, de 1968. Com base na música de Charles Trenet ("Odeurs fanés, cheveux ao vent, baisers volés, rêves mouvants, que reste-t-il de tout cela? Dites-le moi"), Truffaut mostrava Antoine Doinel como um homem-menino sinceramente apaixonado pela sedutora Madame Tabard, tão maravilhosa que era interpretada pela mesma Delphine Seyrig de Marienbad. Truffaut foi cria de Rossellini e Alfred Hitchcock. Tentou conciliar o inconciliável, isto é, o gosto de Rossellini pela improvisação, conseqüência de sua proposta de desdramatização do roteiro em *Romance na Itália (Viaggio in Itália)*, de 1954, e o rigoroso controle da imagem de Hitchcock (que dizia que filmar é passar o roteiro pela câmera). Tudo isso se fundia em Truffaut, que fez filmes de uma beleza triste e comovente como *Uma Mulher para Dois (Jules et Jim)*, de 1961, e o mais rosselliniano de todos, *O Garoto Selvagem (L'Enfant Sauvage)*, de 1969. Muitas vezes ele foi acusado de ser um pequeno-burguês, tendo substituído o ímpeto por uma preocupação com a qualidade não muito distante daquela que fustigava nos diretores das regras fixas.

Uma Mulher para Dois (Jules et Jim), de François Truffaut

Chabrol, no colóquio de La Napoule, já havia descartado a idéia de que a nouvelle vague fosse revolucionária. Via revolução só em Resnais, o que se pode justificar porque, na época, Godard ainda não havia feito *Acossado (À Bout de Soufle)*, que surgiu mais tarde, naquele mesmo ano. Godard tornou-se o mais revolucionário dos diretores da nouvelle vague, mas sua revolução foi muitas vezes chamada de confusa. Na época de *O Pequeno Soldado (Le Petit Soldat)*, de 1960, ele foi rotulado como alienado e até direitista. Não se pode dizer isso de um diretor que fez o retrato crítico da geração que se autodefinia como "filha de Marx e da Coca-Cola" em *Masculino-Feminino*, de 1965, que antecipou Maio de 68 em *A Chinesa*, de 1967, e filmou, nos limites da perversidade, a

Acossado, de Jean-Luc Godard

derrocada do sistema capitalista, representada pelo engarrafamento de *Week-End à Francesa*, também de 1968.

Depois do célebre maio e da repressão que se seguiu, Godard fundou o Grupo Dziga Vertov e mergulhou numa espécie de clandestinidade, fazendo filmes coletivos e militantes que reagruparam a intelectualidade de esquerda. Voltou a discussão sobre ele: os sindicatos protestaram contra *Tout Va Bien*, com Jane Fonda e Yves Montand, o máximo da contestação no começo dos anos 1970 – ela, por sua oposição à Guerra do Vietnã, ele, pelos filmes políticos de Costa-Gavras. Godard foi chamado de irresponsável, como no tempo de *O Pequeno Soldado*. Com *Salve-se Quem Puder (a Vida)*, o autor iniciou, em 1980, uma discussão sobre o vídeo e a televisão que foi, desde então, incorporada ao futuro do cinema. Sua obra, exigente e intelectual, vale como súmula das contradições e modismos que mudaram a face do cinema desde 1960. Godard ou a maneira revolucionária de fazer cinema revolucionário.

O quarto mosqueteiro da nouvelle vague estava sendo premonitório quando disse, em 1959, que não tinha certeza da existência de uma nova onda, mas se ela existisse era preciso saber nadar. De todos os diretores de sua geração, Chabrol foi o que aceitou mais compromissos comerciais. Ele chegou a dizer certa vez que filmava não importa o quê. Queria viver de cinema, sua opção não vinha da escolha dos temas, mas do estilo. Ninguém poderia dizer que Chabrol filmava não importa como. Ele virou o mais prolífico dos diretores da nouvelle vague: quase 60 filmes até o limiar dos anos 2000, todos com lançamento comercial nos cinemas, ao contrário de alguns de Godard, co-realizados por Jean-Pierre Gorin e Anne-Marie Miéville, que ficaram reduzidos ao circuito alternativo da militância política.

Houve várias fases na carreira de Chabrol. A primeira foi a mais tipicamente identificada com a nouvelle vague, com filmes como *Nas Garras do Vício* e, principalmente, *Os Primos*, com aquela retomada do mito de *Tristão e Isolda*, ambientada numa Paris noturna onde dois primos, um do bem, outro do mal, disputam a mesma garota, e se você acha que aquele que possui as qualidades mais positivas triunfa é porque não conhece Chabrol.

A Chinesa, de Jean-Luc Godard

Para o diretor, o bem e o mal são relativos, não são absolutos como no maniqueísmo que costuma dominar a produção industrial americana. Em seus filmes, os papéis alternam-se e até se invertem. É o ocorre em *Nas Garras do Vício* e *Os Primos*. Seguiu-se uma fase abertamente comercial, com filmes que os inimigos da nouvelle vague gostavam de citar para provar como os jovens diretores haviam ficado tão ruins (e até piores) do que aqueles que criticavam em *Cahiers du Cinéma*. A recuperação começou com *As Corças (Les Biches)*, de 1968, passou por *A Mulher Infiel (La Femme Infidèle)*, de 1969, e *A Besta Deve Morrer (Que la Bête Meurre)*, de também de 1969, até atingir a perfeição do mais sublime Chabrol, *O Açougueiro (Le Boucher)*, de 1970.

Se Truffaut tinha Hitchcock como um de seus mestres, Chabrol, que co-escreveu um livro sobre o cineasta nos anos 1950, revelou-se fascinado pelo tema do destino, tão caro ao mestre expressionista Fritz Lang. Os filmes, considerando-se que o cineasta filma muito, e rapidamente, são irregulares, mas a carreira passa a exibir rara coerência. Chabrol será, a partir de *O Açougueiro*, o Balzac do cinema francês, criando cenas da vida burguesa que lhe permitem denunciar o culto das aparências como a chave para se compreender esse segmento social. Nada é o que parece ser nos filmes do diretor, é preciso desconfiar sempre, o que eventualmente cria sobressaltos na linha dramática dos roteiros. Que importa? Chabrol muitas vezes equilibra com o classicismo elegante da realização ou com a mais fina ironia esses excessos tão dele. E, depois de Godard, ninguém deu testemunhos tão virulentos sobre a vida política dos franceses.

Amantes Inseparáveis (Les Noces Rouges), de 1973, lança um olhar devastador sobre os vícios da 5.ª República; *Nada*, de 1973, em pleno surto do terrorismo internacional, chega ao anarquismo com seu retrato dos que se opõem ferozmente ao consumismo; e *Mulheres Diabólicas (La Cérémonie)*, de 1995, faz uma releitura insólita do marxismo e da luta de classes, com sua história das duas domésticas – uma delas, analfabeta, é manipulada pela outra – que promovem um banho de sangue, matando os patrões. Isabelle Huppert é uma das intérpretes deste último, e a colaboração da atriz com o diretor inclui outros filmes. Entre os anteriores, há dois memoráveis: *Violette Nozière*, de 1978, conta a história de um crime célebre, ocorrido antes da guerra e do qual os surrealistas se apropriaram para manifestar todo o seu ódio pela ordem burguesa; *Um Assunto de Mulheres (Une Affaire de*

Femmes), feito dez anos depois, em 1988, provocou escândalo com seu retrato de uma fazedora de anjos, uma mulher que ganha dinheiro praticando abortos, sob a ocupação.

Em quase todos os filmes de Chabrol há cenas de refeições, um pouco porque o diretor adora manter sua fama de glutão, mas também porque tem a convicção de que é justamente à mesa, quando toda a família está reunida, que afloram os conflitos ou que a necessidade de contemporizar institui o jogo de máscaras que ele gosta de combater para revelar o que existe por trás das aparências. A acusação de um cinema alienado, que tantos críticos faziam à nouvelle vague em seus primórdios, foi assim desmontada pelo tempo. No começo, não havia vínculo algum, político, ideológico ou mesmo social entre os seus diretores. Formavam um grupo heterogêneo, cujos filmes faziam a apologia da libertinagem, mais do que refletir a realidade objetiva da França e do mundo. Nesse sentido, a nouvelle vague costuma ser considerada o contraponto do neo-realismo, com sua acentuada preocupação social. No fundo, uma e outro se combinaram para dar origem, no Brasil, ao Cinema Novo, que radicalizou a estética da nouvelle vague, conferindo-lhe densidade política desde a primeira hora. O *free* cinema inglês, o cinema independente de Nova York, todos beberam na nouvelle vague, por volta de 1960. Aqueles jovens diretores podiam ser esnobes, mas, contrariamente ao que dizia Chabrol, na época, fizeram o que não deixa de ter sido uma revolução.

GLAUBER ROCHA – O PROFETA DA FOME

Cena do filme Deus e o Diabo na Terra do Sol

    Fernando Meirelles, o diretor de *Cidade de Deus*, esteve a ponto de ser queimado num debate realizado em São Paulo, em setembro de 2002. Ele ousou dizer que achava Glauber Rocha um chato no evento promovido pela Associação Paulista dos Críticos de Arte, a APCA, para debater a transformação da estética da fome do Cinema Novo em cosmética da fome no cinema brasileiro que iniciou o 3.º milênio. É a tese da crítica e historiadora Ivana Bentes, que estava na mesa com Meirelles. Os epígonos de Ivana reconhecem em *Cidade de Deus* o supra-sumo dessa tendência à cosmetização da miséria brasileira.

A própria Ivana acha que o filme não é tão cosmético assim. A discussão é estimulante. Confirma, entre outras coisas, o que todo mundo está cansado de saber: o fantasma de Glauber, que morreu em 1981, ainda assombra o cinema brasileiro.

Meirelles provocou irritação por dizer em público o que mais de um cineasta brasileiro, até aqueles com raízes no Cinema Novo, dizem em particular. Glauber desenvolveu aquele projeto estético porque não sabia filmar direito. É irrelevante. Glauber só pode ser criticado pelo que escreveu e realizou. Nunca fez um filme de outro jeito, num formato mais tradicional. E o que fez, independentemente de se gostar ou não deste ou daquele momento particular, é importante, revela a coerência que existia entre sua teoria e a prática. Com seu manifesto da estética da fome – uma câmera na mão e uma idéia na cabeça –, Glauber colocou a cara do Brasil na tela e foi o principal animador de um movimento de jovens contestadores que repercutiu muito além das fronteiras do País. Martin Scorsese considera *Deus e o Diabo na Terra do Sol* um dos grandes filmes do cinema e *Terra em Transe* é objeto de um culto que não pára de crescer.

Mesmo diante desses filmes, tão importantes politicamente, tão ousados esteticamente, você se sente, às vezes, tentado a duvidar da capacidade narrativa de Glauber. As cenas em que Corisco e seu bando invadem o casamento e praticam todo tipo de vandalismo em *Deus e o Diabo na Terra do Sol* têm seu equivalente nas da orgia em *Terra em Transe*. Produzem certo mal-estar. Parecem malfeitas, mal enquadradas, mal iluminadas. Você fica sem saber se aquilo se deve a alguma incompetência ou se é um tipo de reação do diretor ao material que está filmando. O que é pior: a incompetência ou o puritanismo que Glauber estaria revelando em relação ao sexo e à violência? São cenas que expressam a barbárie. O Glauber italiano, Pier Paolo Pasolini, era fascinado pela barbárie. Glauber, de tão constrangido, constrange.

Nem por isso deixa de ser a grande figura do cinema brasileiro, a mais influente, de longe a mais polêmica. Glauber foi sempre atraído por estruturas bipolares, recorrendo a imagens barrocas para denunciar as desigualdades sociais que estão na base do modelo econômico e político vigente no País. Nos anos 1960, em plena ditadura do regime militar, Glauber e seus colegas de geração faziam filmes para mudar o mundo. Para fazer filmes politicamente revolucionários, eles achavam que a linguagem também precisava ser revolucionária. Era esse o projeto de Glauber (e do Cinema Novo). Produziu duas obras-primas, *Deus e o Diabo na Terra do Sol* e *Terra em Transe*. Pode-se apreciar o terceiro grande filme de Glauber, *O Dragão da Maldade contra o Santo Guerreiro*, que recebeu o prêmio de direção no Festival de Cannes, apesar dos excessos de sua montagem métrica, de fundo eisensteiniano. Não representa pouca coisa dizer que o presidente do júri naquele ano, 1969, era ninguém menos do que Luchino Visconti. O restante da produção de Glauber é mais problemático. O barroquismo invade cada vez mais suas imagens, a descontinuidade torna-se intolerável. Ocorre com ele o que já havia acontecido antes com seu mestre, Serguei Mihailovitch Eisenstein.

Ivana Bentes não inventa nada, apenas constata, ao dizer que, se Glauber foi um cineasta revolucionário, seu desejo de experimentação e inovação passa pela escrita. Transparece no seu romance *Riverão Sussuarana* e em sucessivas declarações sobre o jornalismo e o próprio ensino da língua portuguesa no País. A escrita de Glauber segue, em livros e jornais, a mesma evolução de sua linguagem cinematográfica. Começa razoavelmente organizada, senão tradicional, torna-se progressivamente mais desconstruída. No cinema, também é assim e há um motivo para isso. Liga-se à maneira como o cineasta aprofunda seu pensamento político, que vai exigir uma revolução estética.

Arnaldo Jabor, companheiro no Cinema Novo, também não inventa, constata, quando diz que todo pensamento de Glauber parte da oposição entre metrópole e colônia. Ele tinha verdadeira fascinação pela figura metropolitana e abominava a condição de colônia. Pensando e remoendo o assunto, formulou sua teoria do transe. Para Glauber, o desenvolvimento dos países colonizados não é linear. Eles sofrem sobressaltos que decorrem das condições específicas da metrópole. Para expressar isso na tela, só uma linguagem descontínua. O primeiro longa, que Nelson Pereira dos Santos montou, *Barravento*, de 1961, é razoavelmente organizado, mas no fundo os conflitos étnicos e sociais que o diretor situou numa colônia de pescadores são bastante esquemáticos e até banais. Antônio Sampaio, depois Pitanga, volta à comunidade após uma experiência na cidade. Encontra tudo do jeito que deixou. Critica a submissão dos pescadores ao candomblé e tenta motivá-los a quebrar a estrutura econômica e social em que vivem enfrentando o dono das redes, que os explora. É um filme que mistura a influência do neo-realismo com idéias de composição do plano e montagem retiradas de Eisenstein.

Dois anos mais tarde, a revolução consolida-se com *Deus e o Diabo na Terra do Sol*. Muito já se escreveu sobre o filme e o sertão-mar metaforizado por Glauber para combater a injustiça social, o desajuste político e a dependência econômica e cultural que mantêm o Brasil atrelado ao atraso. O filme busca uma saída para o homem do campo. Começa com imagens que ilustram o que diz o cantador: Manuel e Rosa vivem no sertão, trabalhando a terra sem nenhuma esperança no futuro. Na seqüência de uma disputa com o dono da terra, Manuel o mata e inicia o processo de desenraizamento que o leva a seguir primeiro o beato e, depois, o cangaceiro.

Forma-se, assim, a estrutura bipolar que será repetida em *Terra em Transe* e *O Dragão da Maldade contra o Santo Guerreiro*. Manuel (Geraldo Del Rey) trilha os caminhos do misticismo e da violência sem resolver nenhum de seus problemas internos e externos. Caçado por Antônio das Mortes, o matador de cangaceiros interpretado por Maurício do Valle, ele termina o filme numa corrida para o mar, que representa a liberdade e também metaforiza o que diz a canção de Sérgio Ricardo, com letra do diretor: o sertão vai virar mar e o mar virar sertão. A idéia tem origem no que diz o beato Sebastião (Lídio Silva) na peregrinação em Monte Santo. Sebastião não leva esse nome por acaso. Suas palavras vêm sempre carregadas de forte sebastianismo.

Glauber teve no Rio Grande do Sul as piores críticas de sua carreira no Brasil, mas talvez seja um recurso um tanto fácil tentar explicar essa aversão dos gaúchos a Glauber por causa do positivismo, tão forte na organização política original do Estado. Os gaúchos podiam não morrer de amores por Glauber, mas Enéas de Souza, num livro escrito no calor da hora, *Trajetórias do Cinema Moderno*, analisou as influências sobre Glauber e o significado político de seu filme com uma riqueza que supera abordagens muito mais amplas no âmbito da academia. Com *Deus e o Diabo*, o autor concretiza o que havia proposto em seu manifesto da estética da fome. E o filme possui momentos inesquecíveis. O sentimento de brasilidade, no cinema, passa pelas imagens de Maurício do Valle, com aquela capa, correndo atrás de Othon Bastos ao som de *Te entrega, Corisco!*, ou então da cena de amor entre Manuel e Dadá com o fundo das *Bachianas*, de Villa-Lobos.

Hoje, sabe-se que Glauber pretendia encerrar seu filme de outro jeito, integrando a luta de Manuel à das Ligas Camponesas que brigavam por reforma agrária, no começo dos anos 1960 (e foram banidas, a ferro e fogo, pelo regime militar). Em seu livro de memórias, *Geração em Transe*, Luiz Carlos Maciel analisa as ligações de todos aqueles artistas que mesclavam projetos individuais e políticos, que consideravam que a vida era indesligável da arte e do sonho da revolução. E ele conta que sugeriu a Glauber o final em aberto, a corrida para o mar que superficialmente parece influenciada pelo desfecho de *Os Incompreendidos (Les Quarte-Cents Coups)*, de François Truffaut, um dos marcos definidores da nouvelle vague, no fim dos anos 1950. O desfecho de Glauber é mais abrangente. O impacto do filme não seria tão grande com a solução original, lógica na sua dialética, mas um tanto previsível e até banal.

A descontinuidade fica mais acirrada em *Terra em Transe*, que surge nas telas no momento em que o fenômeno Gabriel García Márquez invade as livrarias com o sucesso de *Cem Anos de Solidão*. Apesar de todas as diferenças, há em ambos a mesma disposição de usar o transe como forma de representação (ou investigação) da tragédia latino-americana. "Eu recuso a certeza, a lógica, o equilíbrio", diz o poeta Paulo Martins, interpretado por Jardel Filho. O poeta e jornalista de esquerda que busca sua redenção existencial e política é o porta-voz da perplexidade do diretor diante de uma realidade que também lhe parece muito complexa para ser tratada com objetividade. *Terra em Transe* possui grande riqueza cênica e estrutural. Começa e termina com a queda do governador populista, Vieira (José Lewgoy), o que, de certa forma, faz com que sua forma circular antecipe o que Quentin Tarantino fará em *Tempo de Violência (Pulp Fiction)* nos anos 1990.

Dentro dessa estrutura circular, Glauber inscreve sua preocupação pela bipolaridade, pois Paulo Martins, como outros heróis do diretor, vive dividido entre a adesão a Vieira e ao ditador Diaz (Paulo Autran). Duas mulheres participam dessa bipolaridade: a Sara de Glauce Rocha representa a consciência que chama o poeta à ação; Danuza Leão, como uma esfinge, afasta Paulo Martins de sua vocação revolucionária. Com o tempo, *Terra em Transe* adquiriu uma transparência que parecia não ter em 1967. Hoje é fácil reconhecer na alegoria caótica proposta pelo artista um retrato contundente e forte do Brasil, mas não parecia assim, naquela época. Público e parte da crítica acharam que o filme era confuso, e a censura do regime militar colou em *Terra em Transe* a etiqueta de "subversivo". Uns e outros talvez não estivessem tão errados. O filme é mesmo caótico, e Eldorado, a republiqueta tropical dominada por corruptos e demagogos, é mesmo o Brasil.

Glauber foi acusado de abusar da alegoria e do barroquismo e houve críticos que não perdoaram o diretor de ter tentado enquadrar o Brasil dos anos 1960 omitindo os militares. A referência máxima que se faz a eles em *Terra em Transe* é um duplo comentário, no começo e no fim, sobre o deslocamento de tropas federais, cujo objetivo é a derrubada do governador. Glauber, na verdade, estava mais preocupado em apontar o dedo para os vilões civis que se acobertavam sob as baionetas para garantir privilégios. Como um dos arautos da tendência que elegeu a alegoria como forma de expressão do Cinema Novo – por meio dela, falava-se, obliquamente, de política, o que seria impossível numa abordagem frontal, dada a vigilância do regime –, ele somou a essas provocações outra que pareceu intolerável. Numa cena, Paulo Martins tapa a boca do tipo anônimo que representa o povo, e isso foi considerado a prova de que Glauber (e todos os diretores do Cinema Novo) eram no fundo uns autoritários, que já haviam afastado o público dos cinemas com suas óperas políticas e agora queriam silenciar tudo o que se opunha a eles. Baseavam-se no fato de que os filmes do Cinema

Novo, até por ser obras de vanguarda, não eram estrondos de bilheteria.

E veio então *O Dragão da Maldade contra o Santo Guerreiro*, que somou ao prêmio de direção em Cannes outra consagração não negligenciável: foi o primeiro filme a ilustrar em cores a capa da prestigiada revista *Cahiers du Cinéma*, ao que se sabe por decisão unânime do corpo editorial. O filme chamava-se *Antônio das Mortes* quando ainda estava no papel. O protagonista, colhido de novo na estrutura bipolar que fascinava o diretor, era o matador de cangaceiros que Glauber lançara em *Deus e o Diabo na Terra do Sol*. Com a mesma indumentária – o chapéu desabado sobre o rosto, a ampla capa, a parabellum na mão –, Maurício do Valle reassumia o seu mitológico personagem de matador de cangaceiros.

Pode ser que a ambição original de Glauber, ao se lançar a esse filme, fosse menor. Queria, talvez, gratificar os entusiastas de Deus e o Diabo e até reconquistar os que haviam ficado perplexos com a alegoria de *Terra em Transe*. Foi assim que concebeu, em cores, a nova epopéia de Antônio das Mortes. No início, ainda como o sicário que matou Corisco e baleou Dadá, ele é contratado por um coronel cego que domina um lugarejo fictício, chamado Jardim das Piranhas, ameaçado por outro cangaceiro messiânico, de nome Coirana. No desfecho, Antônio das Mortes muda de lado, um pouco por causa de uma crise de consciência,

Cena do filme Terra em Transe

mas também por causa da fascinação que sobre ele exerce a beata interpretada por Maria Rosa Penna, na época mulher do cineasta.

Desta maneira, o cineasta não exorciza apenas o salvacionismo romântico da primeira aventura de Antônio das Mortes. Como assinalou o crítico Sérgio Augusto num texto revelador, quando o filme que chamou de "ópera-macumba" chegou à TV, em 1990, o Glauber de *O Dragão da Maldade contra o Santo Guerreiro* não acredita mais nos poderes auto-suficientes do povo, exaltados na canção final de *Deus e o Diabo na Terra do Sol*. Para sua missão salvacionista do Nordeste, bem anterior ao projeto "Fome Zero" do presidente Luiz Inácio Lula da Silva em 2003, ele propunha a união de dois santos guerreiros: o místico e nada politizado Antônio das Mortes e a vanguarda intelectual representada pelo professor interpretado por Othon Bastos, que já fora Corisco no filme anterior.

Havia elementos de *spaghetti western* em *O Dragão da Maldade contra o Santo Guerreiro*, que retomou, para exportação, o título de seu personagem, Antônio das Mortes. Glauber parecia pegar carona nos faroestes europeus que diretores como Sergio Leone faziam na segunda metade dos anos 1960. Havia também a cor, os elementos folclóricos, com cenas de canto e dança ritmadas (e metrificadas) pela montagem que o diretor, de novo, absorveu de seu mestre Eisenstein. Ismail Xavier assegura que foi a reação contrária de parte da crítica americana a Antônio das Mortes que levou Glauber a reformular seu velho manifesto da estética da fome, substituindo-o por outro que chamou de estética do sonho.

Começa com esse filme a fase de *globetrotter* de Glauber. No ano seguinte ele realiza *O Leão das Sete Cabeças* na África, investindo pesado contra o colonialismo, e em 1970 faz *Cabezas Cortadas* na Espanha, dando novo rosto ao ditador Diaz de *Terra em Transe*, agora interpretado por Francisco Rabal.

Por mais interessantes que possam ser esses filmes, do ponto de vista antropológico ou como manifestações do processo vivido pelo autor – suas dúvidas, crises, sonhos –, são quase todos penosas experiências de cinema. Glauber encerrará sua obra em 1980 com *A Idade da Terra*. O filme foi selecionado para o Festival de Veneza e o cineasta não deglutiu a decisão do júri, que preferiu premiar *Atlantic City*. Glauber bateu duro na obra que o francês Louis Malle realizara nos Estados Unidos. Não era culpa de Malle, evidentemente.

Com *A Idade da Terra*, Glauber volta à visão delirante da realidade do Brasil e do 3° Mundo. Ele próprio disse que seu filme era "um poema épico-didático sobre as contradições sociomísticas do mundo contemporâneo", igualando tudo – a desconstrução da escrita com a da linguagem cinematográfica. O filme escapa inteiramente a qualquer regra de construção narrativa. Sua estrutura completamente livre mistura lances de denúncia social e política, encenados de forma alegórica ou simbólica, com passagens francamente didáticas – a longa entrevista do comentarista político Carlos Castelo Branco sobre os governos militares –, tudo isso entremeado por alusões à vida e à missão de Cristo, que aparece duplamente, como personagem de candomblé e operário da construção civil. Há fragmentos de grande beleza conceitual e plástica, mas a descontinuidade é levada a um limite que levanta uma questão. Glauber levou sua estética do sonho a um ponto de não-retorno. Não é mais o cinema, pelo menos não o cinema como o concebemos, tradicionalmente. É outra coisa, que talvez ainda não tenha sido convenientemente assimilada ou, então, é aquilo que os detratores do autor consideram muito chato.

Comparativamente, é mais fácil assimilar outro trabalho não menos provocativo de Glauber, o curta sobre o enterro do pintor Di Cavalcanti, cuja circulação, em 2003, continua embargada pela família do artista, que o considerou desrespeitoso à memória do morto. Glauber invadiu com sua câmera o enterro e nele instalou um transe verdadeiramente carnavalesco para refletir sobre o artista e sua obra, sobre o País, afinal de contas. Foi o que ocorreu quando ele próprio morreu. Glauber, tão polemizado em vida, teve um enterro de superstar em 1981, com direito a cobertura da Globo no Jornal Nacional, com uma imagem que ficou famosa. Enquanto o caixão de Glauber descia à sepultura, sua mãe, dona Lúcia, gritava que ele na verdade não estava descendo mas subindo (ao céu). A frase apareceu, no encerramento da matéria, com todas as letras, enquadrada com as datas de nascimento e morte do artista (1938-1981).

Desde então, Glauber nunca saiu de cena. Seu eterno retorno à cultura brasileira prosseguiu por meio de todo tipo de resgate. Livros, debates, vídeos e DVDs. É compreensível que isso ocorra, porque Glauber, mais que um diretor de cinema, foi um agitador cultural. Foi um animal essencialmente político e, neste sentido, pode mesmo ser comparado a Pier Paolo Pasolini, que desempenhou o mesmo papel na Itália. Certos escritos de Pasolini mostram o quanto ele estava à frente de sua época, tendo antecipado o consumismo e a globalização que assolam o limiar dos anos 2000. No final da vida, Glauber proclamava que estavam (a mídia, os políticos, os intelectuais, de maneira geral) confundindo sua loucura com sua lucidez. Acreditava que os militares promoveriam a redemocratização brasileira e anunciava que o general Golbery do Couto e Silva era um gênio, um dos maiores da raça. Seus escritos pedindo a desestatização do aparato cultural são considerados a ponta de lança de um Glauber neoliberal. O tempo passa, e Glauber permanece polêmico, como sempre viveu.

MASAKI KOBAYASHI – GUERRA E HUMANIDADE

Cena do filme Guerra e humanidade

É o mais belo, grave e solene de todos duelos de samurais encenados diante de uma câmera. O confronto de Sasaharo e Asano em *Rebelião (Joi-Uchi)*, de Masaki Kobayashi, de 1967, é daqueles momentos que justificam o cinema como grande arte. Não representa pouca coisa. Akira Kurosawa virou o imperador do cinema japonês realizando filmes de jidai geki, os dramas históricos que incluíam sempre o momento decisivo em que os heróis empunhavam o sabre para provar a superioridade de sua destreza. Vários desses filmes ficaram tão famosos que tiveram *remakes* no Ocidente: *Rashomon*, de 1950, virou *As Quatro Confissões (The Outrage)*, de Martin Ritt, em 1964; *Os Sete Samurais (Shichinin no Samurai)*, de 1954, transposto para o *western* virou *Sete Homens e Um Destino (The Magnificent Seven)*, de John Sturges, em 1960; e *Yojimbo*, de 1961, está na origem de *Por Um Punhado de Dólares (Per Un Pugno di Dollari)*, com o qual Sergio Leone inventou o *spaghetti western* em 1964. Kurosawa foi sempre um grande senhor do cinema. Ninguém vira "imperador" impunemente, mas Kobayashi conseguiu ir mais longe do que eles. Fez a que talvez seja a obra-prima de todo o cinema do Japão.

Grande Kobayashi: no Ocidente, o diretor que morreu em 1996, aos 80 anos, não desfruta a mesma admiração provocada por outros três gênios do cinema japonês. Akira Kurosawa (1910-1998) é um deles, claro, mas em seu país o imperador sempre sofreu a acusação de ser um diretor ocidentalizado, não apenas por seu gosto pela grande literatura russa, que lhe forneceu o material para *O Idiota (Hakuchi)*, de 1951, uma adaptação de Fiodor Dostoievski, e *Ralé (Donzoko)*, de 1957, baseado em Máximo Gorki, mas também por uma noção do movimento em seus jidai gekis que não é muito diferentes daquela praticada por Hollywood nos *westerns*. Kurosawa, portanto, e também Kenji Mizoguchi (1898-1956), cuja descoberta tardia, pouco antes de sua morte, provocou um choque em futuros diretores como Jean-Luc Godard, enfeitiçado pela mistura de sensualidade e violência de seus filmes, e Yasujiro Ozu (1903-1963), o mais sereno dos mestres, ídolo de Wim Wenders. Ozu nunca precisou tirar sua câmera da posição de um observador sentado no tatame para fazer, a partir daí, a dissecação da família tradicional japonesa em seus gendai gekis, dramas modernos.

Foram todos imensos, mas com Kobayashi algo se passa no cinema japonês, no cinema em geral. É o mais dialético dos diretores japoneses, atraído por temas políticos e sociais. Por vezes aproxima-se do italiano Luchino Visconti, que teve sua origem no neo-realismo, que ajudou a fundar, mas depois fez um vôo audacioso, usando muitas vezes o melodrama, gênero menor, para falar sobre a grande História (com maiúscula). Essa posição assumida de esquerda faz de Kobayashi uma figura singular. Não veio de uma família tradicional. Orientou-se para o cinema após os estudos de filosofia. Virou assistente de Keisuke Kinoshita, mas rompeu com seu primeiro mestre, especialista em comédias sentimentais e satíricas. O domínio de Kobayashi em sua grande fase será a tragédia. E, como em certos filmes de Visconti – *O Leopardo (Il Gattopardo)*, de 1963 –, se houve um autor capaz de expressar com melancolia e rigor crítico o fim de uma época foi ele.

Kobayashi já tem uma dezena de filmes quando se lança, no fim dos anos 1950, a um projeto monumental. Ele quer colocar na tela

Hara-Kiri, de Yasujiro Ozu

a própria condição humana. Poderia ter-se inspirado em André Malraux. Buscou inspiração num romance de Jumpei Gomikawa. Criou uma trilogia com nove horas de duração, *Guerra e Humanidade*, centrada nas experiências de um homem durante a Guerra da Manchúria. Esse homem é um idealista, Kagi, interpretado por Tatsuya Nakadai, que será, daí por diante, o ator-fetiche de Kobayashi, bem antes de virar, no fim da vida de Kurosawa, o *alter ego* também do imperador. As três partes de *Guerra e Humanidade* são lançadas isoladamente: *Não Há Maior Amor*, *O Caminho da Eternidade*,

A Prece do Soldado. Documentam as transformações sociais que convulsionaram o Japão no século passado: o fim do feudalismo, o militarismo, a guerra. Kagi atravessa os três filmes como a representação do homem consciente colhido nas engrenagens da luta de classes. Kobayashi é um humanista. Como não sê-lo, num filme que tem esse título?

De alguma forma, ele quis criar no cinema o equivalente à obra grandiosa de Malraux. Ou a de, maior ainda, Tolstoi, *Guerra e Paz*. O último filme estréia em 1961. Dois anos depois, vem *Harakiri (Seppuku)*, premiado em Cannes. Em 1964, Kobayashi, no que parece uma mudança de rumo, substitui os vastos painéis históricos por uma fantasia de terror que transforma relatos do escritor ocidental Lafcadio Hearn em recriações de um universo mítico próximo ao de Mizoguchi. E o filme, *As Quatro Faces do Medo (Kwaidan)*, é em cores: Kobayashi parece querer decifrar o mistério da simbologia da cor, esse segredo tão japonês. São quatro histórias de terror e, na mais impressionante delas, o menestrel que teve o corpo pintado para afastar os espíritos que o assombram – só as orelhas não foram pintadas e, por isso, são arrancadas numa seqüência lancinante – narra uma batalha naval que o cineasta encena em estilo kabuki, contra o fundo de um décor expressionista em vermelho-sangue.

Por meio dessas histórias de fantasmas, Kobayashi homenageia Mizoguchi, pois eles também estão presentes, tratados realisticamente, em *Os Contos da Lua Vaga (Ugetsu Monogatari)*, de 1953. É uma característica da cultura japonesa tradicional: os fantasmas podem integrar-se à vida das pessoas. Há em *As Quatro Faces do Medo* esse episódio – o último – que o cineasta fez cortar quando o filme passou em festivais do Ocidente, por considerá-lo "excessivamente oriental". Um homem é salvo de morrer gelado pela rainha das neves, que o aquece com seu calor, mas cobra que ele não conte nada nunca sobre essa relação. Ele volta para casa, casa-se, constitui família e um dia conta ao filho a história. Sua mulher então desaparece, pois não era outra senão a rainha das neves, que permaneceu ao seu lado para fiscalizar o cumprimento da promessa. Passam-se mais três anos e, em 1967, Kobayashi ressurge com o maior de seus filmes, *Rebelião*. O maior do cinema japonês? É possível que sim, mas *Rebelião*, incompreensivelmente, foi recusado pela comissão de seleção do Festival de Veneza. Em favor dessa comissão infeliz, pode-se dizer, de qualquer maneira, que ela fez uma seleção, mesmo assim, brilhante, o que pode ser confirmado pelo quadro da premiação final: Leão de Ouro para *A Bela da Tarde (Belle de Jour)*, de Luis Buñuel, prêmios especiais para *A Chinesa (La Chinoise)*, de Jean-Luc Godard, e *A China Está Próxima (La Cina È Vicina)*, de Marco Bellocchio. Veneza volta-se para o Oriente ideológico que fascina os ocidentais. É a época em que o livrinho vermelho do camarada Mao vira referência e até fetiche em todo o mundo. A China está próxima, mas a rebelião de Kobayashi é relegada a segundo plano.

Em Porto Alegre, P. F. (de Paulo Fontoura) Gastal, o lendário Calvero, crítico de cinema dos jornais *Correio do Povo* e *Folha da Tarde*, é o primeiro a instituir, no Ocidente, o culto a Kobayashi. Calvero é fonte de referência para todos os jovens gaúchos que sonham ser críticos, por volta de 1960. Ele ama o grande cinema russo (Serguei Mihailovitch Eisenstein), o neo-realismo italiano e o cinema japonês. Publica incontáveis textos quando cada uma das partes de *Guerra e Humanidade* é projetada nos cinemas da capital do Rio Grande do Sul. Calvero percebe de novo que algo forte ocorre quando surge, antes de *As Quatro Faces do Medo*, o poderoso *Harakiri*. Mas, dessa vez, o filme já vem referendado pelo prêmio do júri que ganhou em Cannes. Tatsuya Nakadai faz, mais uma vez, o protagonista. Chama-se agora Hanshiro Tsugumo.

O filme passa-se na era Tokugawa, quando se consolida o poder central, o xogunato. Para que isso ocorra, o poder dos clãs tem de ser delimitado (e diminuído). A queda desses senhores feudais tem seu contraponto no desemprego dos samurais, que constituíam corpos de guardas dos suseranos. *Harakiri* é narrado na forma de um grande *flashback*. Um samurai desempregado pede licença a um senhor feudal para usar seu pátio e cometer o harakiri. O senhor, compadecido, o emprega. Surge outro samurai, um jovem, e o senhor, para evitar que ocorram outros casos, empresta-lhe o jardim. O jovem vendeu sua espada. Tem só um sabre de bambu. O suicídio vira um ato de uma crueldade infinita. Entra em cena Tatsuya Nakadai, para vingar o morto. Promove um banho de sangue. E tudo isso é narrado em rigoroso preto-e-branco, com detalhadas análises não só das técnicas e dos códigos de honra dos samurais, como também das maquinações políticas nos bastidores dos castelos em que uma classe dominante vive o fim de sua época. No fim, todo o episódio sangrento é riscado dos anais, como se não tivesse ocorrido.

Harakiri ou a dialética aplicada ao cinema de samurais, com a mais profunda análise da luta de classes promovida pelos jidais gekis. Há nesse filme a figura do samurai que vira artesão pacifista e que Kobayashi utiliza para reafirmar, como em *Guerra e Humanidade*, a força da arte contra a barbárie. *Rebelião* vai ainda um passo à frente. O quadro, outra vez, é o das transformações que atingem a classe dominante na passagem do feudalismo para a centralização do poder. Outra vez há um samurai solitário que desafia os poderosos e luta pela liberdade, contra todas as formas de opressão. Seu nome é Isaburo Sasaharo e, dessa vez, o ator-fetiche de Kobayashi, Nakadai, cede o posto ao ator-fetiche de Kurosawa, Toshiro Mifune, que se havia convertido, em todo o mundo, no emblema desse tipo de cinema de ação do Japão. Se Kurosawa era o imperador do cinema japonês, Mifune era conhecido como o lobo. Mais tarde, o imperador e o lobo brigaram por uma desavença no *set* de *O Barba-Ruiva (Akahige)*, de 1965. Terminaram a parceria por causa de uma divergência de opinião. Kurosawa sentiu-se desautorizado pelo ator diante da equipe e isso era inadmissível, por uma questão de hierarquia, sendo ele o diretor. Esse episódio talvez ilustre o que dizia Rudyard Kipling, para quem Oriente e Ocidente nunca se encontram. Mas eles se encontram, sim, e o cinema é a melhor prova disso.

Como conseqüência, Kurosawa trilhará outros caminhos, escolherá mais tarde outro ator para ser seu alter ego na tela. A escolha, nos anos 1980, vai recair justamente sobre Tatsuya Nakadai, que será o ator de *Kagemusha, a Sombra do Samurai* e *Ran*, que se baseia no Rei Lear de Shakespeare. A fase com Kurosawa já se encerrara quando o o lobo foi chamado para fazer, em *Rebelião*, o papel definitivo de sua carreira. Ele é simplesmente o maior de todos os samurais de sua época. Mal comparando, é mitológico como o Shane que Alan Ladd interpretava no *western* clássico de George Stevens, *Os Brutos também Amam*, de 1953. Shane e Isaburo Sasaharo encarnam as mais altas qualidades do herói. Não é apenas a habilidade insuperável com a espada. É, também, a integridade moral, o sentido superior da dignidade e da honra, que o transforma num mito aos olhos dos próprios colegas de espada.

Sasaharo enfrenta a corrupção e a violência de um desses senhores feudais. Vinga sua família e promete ao neto que vai denunciar para o mundo a violência do suserano. Vai levar a notícia de sua corrupção até o poder central. Surge em seu caminho outro samurai, este sim interpretado por Nakadai. Asano vive o mais intenso conflito que um herói jamais enfrentou nos jidai gekis. Ele deve fidelidade ao seu senhor, mas por possuir um código próprio de honra sabe que estará transigindo consigo mesmo se impedir Sasaharo de levar sua luta adiante. Chega-se então ao mais majestoso e solene dos duelos de sabre do cinema de samurais. Asano e Sasaharo esgrimam sua força e habilidade. Asano, num golpe de mestre, chega a ferir o oponente, para mostrar sua superioridade. E, então, num momento de gênio, recua hieraticamente, para que o outro o mate. Afirma, assim, sua lealdade e sua honra. E tudo é filmado sem efeitos, sem as câmeras lentas e outros recursos gráficos a que diretores menores, desconfiando da capacidade de entendimento do espectador, talvez recorressem para destacar a importância do que se passa na tela, nesse momento.

O cinema havia chegado ao Japão 70 anos antes, em plena era Meiji. Em 1897, ocorreram as primeiras exibições do cinematógrafo dos irmãos Lumière, que obtiveram grande êxito. Os primeiros filmes realizados no país passavam pelo olho da câmera espetáculos dos teatros kabuki e bunraku, recorrendo, invariavelmente, à figura do benshi, um narrador como os que se usam nessas modalidades de representação. O recurso persistiu até o advento do som no cinema japonês. O pioneiro da indústria de filmes japonesa foi Kenicho Kawaura, que criou o primeiro estúdio em 1908. Seu concorrente, Shokichi Umeya, criou o *trust* que deu origem ao estúdio Nikkatsu, em 1912. Nessa fase inicial, os papéis de mulheres são representados por homens, como no kabuki. Só em 1920, novas produtoras, como a Shochiku, começaram a fazer filmes com mulheres.

Em 1923, um terremoto destruiu parte da infra-estrutura existente e lançou o cinema japonês numa crise que paralisou a produção. Como conseqüência, houve uma invasão do mercado por filmes europeus e americanos. Esses filmes estimularam o surgimento de algo que ainda não havia no Japão: o cinema de invenção, de autor. Um pioneiro, já nos anos 1920, foi Teinosuke Kinugasa (1896-1982), que ganharia consagração internacional décadas mais tarde, ao receber o grande prêmio do Festival de Cannes. Há outros casos destacados. Embora só tenha se tornado conhecido no Ocidente nos anos 1950, em 1936, com *As Irmãs de Gion (Gion Nokyodai)*, Mizoguchi assinava suas primeiras obras-primas. E Ozu, em 1929, com *A Vida de Um Empregado de Escritório (Kaishain Seikatsu)*, também estabelecia as bases de uma estética contemporânea que não cessou de aperfeiçoar a partir de *O Filho Único (Hitori Musuko)*, também de 1936.

Em 1945, após a derrota na guerra, o parque industrial japonês está destruído. Chegam os americanos, com dólares e filmes. Eles apóiam os sindicatos que impedem o renascimento das grandes companhias (a Toho, a Nikkatsu, a Shochiku). Recuam quando percebem que podem estar apoiando um cinema contestador, de esquerda. Em 1951, segundos dados da Unesco, o Japão produz 208 filmes. Em 1956, está produzindo mais do que Hollywood, 514, e esse número aumenta ainda mais no ano seguinte, 547. Apesar desses números impressionantes, o cinema japonês é um fenômeno quase regional. Se ultrapassa as fronteiras do país é para obter alguma repercussão em regiões próximas. Há uma empresa distribuidora, a Daiei, que expande seus domínios e resolve conquistar o Ocidente. Com base em estudos e numa operação quase bélica de planejamento, o cinema japonês produz o filme que toma de assalto as telas ocidentais.

É justamente *Rashomon*, de Akira Kurosawa, e esse caráter de "encomenda" não diminui em nada a qualidade do filme que recebeu o Leão de Ouro no Festival de Veneza de 1951. *Rashomon* poderia ter sido bem planejado e mal executado. Seria um fracasso. A verdade de um caso de violência é relativizada por meio de quatro diferentes versões da mesma história. Kurosawa recolhe as heranças de Orson Welles e Luigi Pirandello, estabelece uma estética baseada no movimento e no paradoxo que produz uma impressionante sucessão de obras-primas até a morte do autor, em 1998. Quatro anos depois de *Rashomon*, Teinosuke Kinugasa recebe o grande prêmio no Festival de Cannes (ainda não era a Palma de Ouro) por *Portal do Inferno (Jigoku Mon)*. O filme mistura ética, romance e vingança no Japão feudal. Exibe um fatalismo zen que Kinugasa expressa por meio da cor, para contar a história da mulher casada que um samurai, vitorioso no campo de batalha, reivindica como troféu. Ela ama o marido, quer ficar com ele. Na cena decisiva, o marido e o candidato a amante disputam uma corrida de cavalos. O pretendente vence, seria uma representação simbólica da posse da mulher. Cria-se a dúvida se o marido não facilitou a vitória. Angustiada, a mulher toma uma decisão radical.

Kinugasa surgiu como cineasta de vanguarda, influenciado pelo expressionismo de *O Gabinete do Dr. Caligari (Das Kabinette des Dr. Caligari)*, de Robert Wiene, de 1919. Virou um diretor tradicional e até convencional, antes que o colorido de *Portal do Inferno* provocasse espanto e admiração no Ocidente. E, em 1958, veio outro Leão de Ouro em Veneza, por *O Homem do Riquixá (Muhomatsu no Isso)*, de Hiroshi Inagaki, que refazia com cor e um apelo maior ao sentimentalismo outro filme, dele mesmo, dos anos 1940. O cinema japonês vira um sucesso também no Ocidente, mas só em 1980 voltará a ganhar outro grande prêmio. Será a Palma de Ouro em Cannes, por *Kagemusha, a Sombra do Samurai*, dividida com *O Show Deve Continuar (All that Jazz)*, de Bob Fosse. Mizoguchi e Ozu não são reconhecidos nos grandes festivais. O máximo que Mizoguchi consegue é um prêmio do júri em Cannes, em 1952, por *A Vida de O Haru (Saikaku Ichidai Onno)*, que marca o início do seu contrato com a Daiei e o início de uma fase gloriosa, só de obras-primas. Kobayashi ganha apenas um prêmio secundário em Cannes com *Harakiri*, é barrado em Veneza com *Rebelião*.

A estética de Mizoguchi combina o olho do pintor e a alma do poeta, resume Jean Tulard em seu *Dicionário de Cinema*. É (quase) toda ela calcada no passado e privilegia a mulher, transformando-a no centro de uma *mise-en-scène* que não escolhe entre a imperatriz e a prostituta, usando ambas para refletir sobre a condição feminina num mundo dominado pelos homens. Mizoguchi, nesse sentido, terá seu equivalente no Ocidente na obra de diretores americanos como Joseph L. Mankiewicz e George Cukor. O caso de Ozu é ainda mais complicado, o que não deixa de ser um paradoxo, pois ele é o mais simples dos cineastas. Simples, mas não simplista. Ozu representa a vertente intimista do cinema japonês. Será sempre o diretor da família, do ciclo das estações. Faz filmes que se chamam *Primavera Precoce (Soshun*, de 1956), *Dia de Outono (Akibiyori*, de 1960), e *Fim de Verão (Kohayagawa Ke no Aki*, de 1961). Ozu reconhecia que os filmes devem ter uma estrutura narrativa própria, caso contrário não seriam filmes. Mas ele também confessava que os filmes de enredos elaborados demais o aborreciam. Achava que o filme, para ser bom, tem de renunciar aos excessos, de drama e de ação. Apesar da diferença de temas (e estilos), comporta a comparação, pelo grau de exigência artística e pessoal, com o francês Robert Bresson.

Em 1962, um ano antes de morrer, Ozu assina seu último filme, cujo título vale como súmula de toda a sua obra: *A Rotina Tem Seu Encanto (Sana no Aji)*. No começo dos anos 1960, quando ele sai de cena, a nouvelle vague chega ao Japão e produz uma geração de diretores que mistura preocupações estéticas e sociais para expressar principalmente a inquietação da juventude face às regras da sociedade japonesa tradicional (Yoshishige Yoshida, Masahiro Shinoda, Nagisa Oshima, Shohei Imamura). Kobayashi e Kurosawa juntam-se, por essa época, a Kinoshita e Kon Ichikawa para tornar viáveis seus projetos autorais, convencidos de que a estrutura de estúdios do cinema japonês já não permite mais que eles façam os filmes que querem. Sucessivos fracassos de público – as experiências coloridas de *As Quatro Faces do Medo* e, mais tarde, *Dodeskaden*, de Kurosawa, em 1970 – precipitam a crise da companhia. Kurosawa entra em depressão e tenta o suicídio. O produtor francês Serge Silbermann e admiradores americanos, também cineastas, como George Lucas e Francis Ford Coppola, armam para que ele atinja, nos anos 1980, com *Kagemusha* e *Ran*, o apogeu de sua arte. O caso de Kobayashi é mais melancólico. Tendo realizado os mais belos filmes, os mais fortes, os mais virulentos, ele encerra sua carreira na TV, assinando produções que os críticos que tiveram acesso a esses telefilmes chamam de "medíocres". Podem até ser, mas *Rebelião* será sempre a obra superior de um dos maiores artistas que já trabalharam no cinema.

Ran, de Akira Kurosawa

KIESLOWSKI – AS CORES DO INVISÍVEL

Não Amarás, de Kieslowski

Foi no Lido, em setembro de 1993, durante um encontro com um reduzido grupo de jornalistas, do qual participava o autor do livro, após a exibição de *A Liberdade É Azul (Bleu)* no Festival de Veneza. Foi o primeiro filme da trilogia das cores, e Krszystof Kieslowski disse que estava cansado, não via a hora de parar com o cinema. À medida que completava a trilogia, com *A Igualdade É Branca (Blanc)* e *A Fraternidade É Vermelha (Rouge)*, fortalecia-se nele o sentimento de que acabara com o cinema. O último filme é de 1994. Como Kieslowski gostava de trabalhar por ciclos, seu amigo, o produtor Marin

Karmitz, estava quase conseguindo convencê-lo a iniciar nova trilogia – com filmes que iriam se chamar Paraíso, Inferno e Purgatório –, quando o diretor morreu, em 1996, aos 55 anos. Nunca mais Kieslowski. Nunca mais os filmes de Kieslowski, para repetir a frase famosa de Billy Wilder, quando admiradores e amigos choravam a morte de seu mestre, o rei da comédia sofisticada, Ernst Lubitsch. Nunca mais Lubitsch, teria dito William Wyler. Pior: nunca mais os filmes de Lubitsch, acrescentou Wilder.

Kieslowski iniciou sua carreira no documentário, enfrentando os problemas que lhe criava a ditadura comunista instalada na Polônia. Abandonou essa vertente, no fim dos anos 1970, convencido de que a verdade dos sentimentos só pode ser transmitida pela ficção. Admitia que seu interesse era pela vida privada das pessoas, que está fechada para os documentaristas. Dizia que a vida só é privada se a câmera não estiver lá. Considerava o cinema uma atividade pouco séria e admitia ter vergonha do ofício de diretor. No diário de filmagem de *A Dupla Vida de Véronique (La Double Vie de Véronique)*, de 1991, o último filme anterior à trilogia das cores, disse que tinha vergonha quando gritava, no *set*, aquelas palavras ameaçadoras e autoritárias: Ação! Corta! Silêncio! Lembrou que, anos antes, o diário francês Libération, perguntara a uma dezena de cineastas por que filmavam. Sua resposta foi sucinta: porque não sabia fazer outra coisa.

Desenvolvendo o raciocínio, disse que era uma resposta curta para a questão, mas acrescentou: "Todos nós, cineastas, com todo o dinheiro que gastamos, fazendo filmes e nos sustentando com as aparências de um grande mundo, temos constantemente a sensação do absurdo do nosso trabalho. Compreendo (Federico) Fellini e muitos outros que reconstróem uma casa, uma rua ou mesmo um mar artificial, onde passa um transatlântico de mentira, no estúdio: desse jeito há menos espectadores para essa função pouco séria e vergonhosa que é fazer filmes". Ou seja: para Kieslowski a vida era mais importante do que os filmes e, por isso, ele queria parar com o cinema. Queria colocar a mão na terra, cuidar do seu jardim, da sua lavoura.

Sua obra de ficcionista desenvolve-se nos anos 1980 e 90. Havia um imenso vazio cultural: o conceito do pósmoderno parecia definitivo no cinema, com todos aqueles *remakes*, aquelas obras referenciais sobre o cinema que, no fundo, não giravam em torno de outra coisa senão do *fake*, o falso, que está na base dessa estética. Kieslowski criou em meio ao vazio, refletindo sobre ele. Quando dizia que ser diretor era vergonhoso, tinha consciência de que havia escolhido um veículo poderoso para se expressar, artisticamente. O cinema penetrou no imaginário do homem do século 20. Instalou-se como um posseiro, criou raízes, o século ficou sendo chamado "do cinema". Só que Kieslowski também tinha uma consciência aguda de suas limitações. Queria ser instrospectivo, denso e profundo no seu mergulho na interioridade de personagens convulsionados, e reconhecia que as limitações impostas pelo caráter industrial do cinema o impediam de ser livre. Sua obra encerra, por isso, uma reflexão radical sobre essa arte.

No começo, até por essa necessidade que a imprensa tem de ser reducionista, impondo rótulos a artistas para torná-los mais facilmente reconhecíveis pelo público, Kieslowski era comparado a Fiodor Doistoievski, o grande escritor russo. Kieslowski seria o Dostoievski do cinema. Para confirmá-lo, bastava citar o monumental *Decálogo (Dekalog)*, conjunto de dez filmes que o diretor fez para TV, no biênio 1987-88, adaptando os Dez Mandamentos para o mundo contemporâneo. Apresentam os mesmos atores, cenários e situações, mas contam histórias diferentes. Dois desses telefilmes ganharam versões para cinema: *Não Amarás (Krörki Film o Milosci)* e *Não Matarás (Krörki Film o Zabijaniu)*. *Krörki Film* quer dizer filme pequeno, o primeiro sobre o amor, o segundo sobre a morte.

    O pequeno filme sobre o amor é, na verdade, sobre o olhar. O cinema contou muitas histórias sobre voyeurismo e uma das mais clássicas é a de *Janela Indiscreta (Rear Window)*, de Alfred Hitchcock, nos anos 1950. Jeff (James Stewart) espia os vizinhos, e o diretor transforma sua obsessão em metáfora do próprio cinema. Tomek, o garoto de *Não Amarás*, também é obcecado por Magdalena, a sublime Grazyna Stapolowska. Ela mora no apartamento do prédio em frente, ele usa de todos os expedientes para aproximar-se dela, para ouvir sua voz. Segue todos os movimentos de Magdalena por meio da luneta instalada em sua mesa de estudo, colada na janela (indiscreta) de seu quarto. O filme tem pouca, quase nenhuma ação. Tem pouco, quase nenhum diálogo. Tomek fala o mínimo com sua senhoria e, quando Magdalena aparece diante dele, aí sim fica mudo, de susto e de emoção. Primeiro, ele a olha e, no fim, as posições se invertem e Magdalena pega o binóculo para espiar Tomek. Kieslowski fala sobre o amor – a dificuldade de expressar o amor, a dor do amor não correspondido –, para discutir, por meio do olhar, o cinema.

    O pequeno filme sobre a morte é ainda mais perturbador. Começa com a cena de um gato sendo enforcado por crianças num beco de uma cidade que se presume ser Varsóvia. Na maior parte do tempo, essa cidade permanecerá anônima, com suas ruas molhadas, becos sujos e corredores pouco iluminados de conjuntos residenciais uniformes. Só na plasticidade dessas imagens já existe, embutido, um comentário de Kieslowski sobre a Polônia, sob o comunismo. A morte do gato é uma metáfora do mal no mundo, a corda irá percorrer todas as etapas do filme, centrado em três personagens: um jovem, que vaga pelas ruas da cidade, um motorista de táxi, que começa um dia de trabalho, e um advogado, que acaba de se formar e está pronto para exercer a profissão.

O jovem comete pequenas transgressões, pega o táxi e mata o motorista. Preso, é defendido pelo advogado. Três destinos, três fios do mesmo nó. Kieslowski não faz psicologismo. Sua câmera registra (documenta?) tudo de forma muito fria. O assassinato do motorista de táxi é terrível. Mais do que Alfred Hitchcock, na célebre morte de Gromek em *Cortina Rasgada (Torn Courtain)*, de 1966, é Kieslowski quem mostra como pode ser difícil destruir uma vida humana. A esse primeiro crime segue-se outro, não menos terrível. Preso, o protagonista, Jack, é condenado à morte e o Estado executa a sentença na última cena. Kieslowski omite as cenas intermediárias do que seria o processo. Concentra-se nos dois crimes. Crime e castigo, crime sem castigo. Dostoievski surge como uma referência inevitável, mas não só ele. Franz Kafka também está presente no relato, com o clima sufocante da burocracia de *O Processo*.

Kieslowski fez só mais um filme, um episódio de *City Life*, em 1990, antes de se atracar com o mistério da dupla vida de Véronique e, depois, com a trilogia das cores. Véronique é uma peça fundamental em sua evolução como autor. Wim Wenders adquirira a reputação de "'cineasta retrovisor" – "Ver seus filmes é descobrir, enfim, a paisagem na qual crescemos", escreveu o crítico francês Serge Daney –, vinculando-se ao desconstrucionismo que marcou os anos 1970 e 80. Com *A Dupla Vida de Véronique*, Kieslowski, outro cineasta retrovisor, recolocou o que era a questão do cinema moderno, no começo dos anos 1990. Comentando a complexidade da (vazia) produção cultural da época, o crítico Nelson Brissac Peixoto disse que o velho embate entre tradição e vanguarda não dava mais conta do que estava ocorrendo. Transferindo o embate para novos pólos – o superficial e o transcendente –, ele escreveu que o desafio do cinema, em 1991, era a busca do sublime. Kieslowski chegou lá, com a sua Véronique, esplendidamente interpretada pela magnífica Irène Jacob.

No diário de filmagem, já referido, o diretor explicou que seu filme trata da sensibilidade de pressentimentos e de laços que são difíceis de explicar. E advertia, para si mesmo, que o desafio era mostrar pouco, caso contrário o mistério desapareceria. Com *A Dupla Vida de Véronique*, consolida-se a busca de Kieslowski: ele quer captar, na tela, o invisível. E surgiu, assim, a história das duas Verônicas interpretadas por Irène, uma na França e outra na Polônia. Véronique e Weronika são sósias de corpo e alma, compartilham o mesmo entusiasmo pela música. E seus caminhos nunca se cruzam, o que faz com que tudo, nesse filme, gire em torno de uma relação que não se estabelece no mundo palpável. O único encontro, assim mesmo fugaz, se faz por meio de um instantâneo fotográfico. A máquina de fotografia media o (des)encontro das duas Verônicas, mas ela só capta o exterior, não o interior, que interessa ao diretor. Kieslowski enche seu filme de instrumentos óticos: lentes, lupas, óculos. Todas essas formas de olhar retomam a discussão de *Não Amarás*, o pequeno filme sobre o amor. Compõem o movimento de quem tenta filmar o visível em busca do invisível.

E, então, Kieslowski chega ao ponto máximo de sua pesquisa com a trilogia das cores. Quando propôs a série de três filmes ao produtor Marin Karmitz, ele disse que queria investigar, por meio de três filmes que remeteriam às cores da bandeira francesa – azul, branco e vermelho –, a permanência, no mundo moderno, dos ideais republicanos dos revolucionários de 1789. Ele próprio dizia que amava as séries porque lhe permitiam aprofundar seus temas. *Bleu*, simplesmente Azul, iniciou a série. No Brasil, chamou-se *A Liberdade É Azul*. Nunca, em tempo algum, um autor foi tão longe na dissecação dos limites da liberdade. Juliette Binoche é a sublime protagonista. Chama-se Julie, é mulher de um compositor que prepara uma sinfonia que será apresentada durante a festa de confraternização da Europa unificada. Ambos têm uma filha. O marido e a filha morrem num acidente de carro. Julie pira.

Fica só, corta todos os laços. Vende a casa, joga fora a partitura da sinfonia. Coloca-se na posição de quem não tem nada a perder, nem ganhar. Hollywood utilizaria essa história, pode-se supor, para criar a clássica história da segunda chance, sobre a personagem que consegue dar a volta por cima, reconstruindo a vida. Essa reconstrução está no filme, mas não interessa muito a Kieslowski. O que lhe interessa é algo muito mais profundo como *démarche* existencial e também muito mais ambíguo. Ao se reabrir para a vida, Julie perde a liberdade absoluta que conquistou com a tragédia. É o que Kieslowski quer dizer com seu filme: abrir-se para os outros significa criar laços que restringem nossa liberdade. Sua tese é de que não existe liberdade total se existe abertura para o mundo.

A Liberdade É Azul, de Kieslowski

A idéia de liberdade absoluta é tratada como impasse no primeiro filme da trilogia das cores. No segundo, *A Igualdade É Branca*, novo impasse: a igualdade é vista como uma utopia que é republicana e socialista. O filme começa quando um imigrante polonês em Paris é chamado ao Palácio de Justiça. Sua mulher francesa quer a anulação do casamento, alegando que a união de corpos não foi consumada. Zbiegniew Zamachowski e Julie Delpy são os intérpretes dos papéis. O marido não consegue fazer-se entender com seu francês precário. Perde a mulher, o dinheiro, não tem onde ficar. "Onde está a igualdade?", grita. De volta à Polônia, mete-se em atividades excusas e prepara sua vingança. Ela vem, de forma tão maquiavélica quanto surpreendente.

Um grande diretor americano que teve de se exilar na Europa, por causa do macarthismo, Joseph Losey, era tão marxista que levou a luta de classes para o campo amoroso. Losey não acreditava em relações afetivas honestas. Dizia que as pessoas, no amor e no sexo, refletem a sociedade competitiva em que vivem e estabelecem relações de submissão e dominação. Para demonstrá-lo, fez filmes como *Entrevista com a Morte (Blind Date/Chance Meeting)* e *Eva (Eva)*, no começo dos anos 1960. Kieslowski também não acredita em relações igualitárias numa situação competitiva. O marido, para se igualar à mulher agressiva, precisa atingir uma situação de potência (não apenas sexual) que o leva a desenvolver atitudes destrutivas. O dilaceramento de Kieslowski é evidente. Ele não aceita a sociedade industrial competitiva, mas também viveu a experiência de um socialismo que não deu certo.

Chega-se, então, ao terceiro e último filme, que fecha a trilogia. *Rouge* (Vermelho), ficou sendo *A Fraternidade É Vermelha no País*. É o filme que dá sentido aos anteriores, até porque se fecha com a idéia de um naufrágio que inclui os personagens dos outros dois filmes. É claro que a idéia de o fecho vir só por aí é muito superficial. O cinema de Kieslowski obedece sempre a motivações mais fundas. O filme retoma a idéia do acaso, que já estava em *A Dupla Vida de Véronique*. Com ela, vem a própria atriz do outro filme.

Irène Jacob faz agora Valentine, jovem modelo que atropela um cachorro. Depois de dar atendimento ao animal, ela vai devolvê-lo ao dono. Entra em cena um juiz aposentado, vivido pelo ator Jean-Louis Trintignant.

A Fraternidade É Vermelha, de Kieslowski

Assim como em *Não Matarás* era possível pensar em Dostoievski e Kafka, aqui a referência inevitável é o juiz penitente de *A Queda*, de Albert Camus. Pode-se até pensar também em outro personagem camusiano, o Mersault de *O Estrangeiro*, que Luchino Visconti adaptou para o cinema em 1967.

O juiz de Kieslowski possui um parentesco existencial muito forte com essas duas figuras. Seu hobby é escutar as conversas telefônicas dos vizinhos, como Tomek espiava Magdalena em *Não Amarás*. Ele vive à margem da sociedade. Não se mistura, não participa, a rigor, não vive. Fica só olhando, a distância, como se fosse um entomologista e o mundo fosse povoado por insetos, e não pessoas. Ao contrário de Camus, Kieslowski busca uma saída redentora para o impasse do personagem. Valentine consegue reintegrá-lo à corrente da vida e ao tecido social, mas não vai nessa solução alguma concessão de Kieslowski ao *happy end*. A idéia do filme é que, se a vida em sociedade gera mal-estar, fora dela é impossível. O homem é um ser social. Isso já estava evidente quando o juiz, como um *voyeur*, esquadrinhava o lado mais perverso das pessoas, ouvindo suas conversas. Ele precisava conhecer o mundo para negá-lo. Reintegra-se, afinal. A fraternidade, conclui o autor, nasce da improbabilidade da solidão. Só por meio dela os personagens de Kieslowski conseguem salvar-se do naufrágio existencial simbolizado na última cena.

Tão cultuado no Brasil e premiado em festivais internacionais – *A Liberdade É Azul* ganhou em Veneza, *A Igualdade É Branca* em Berlim –, Kieslowski não era objeto do mesmo culto na França. *A Fraternidade É Vermelha* passou sem prêmios pelo Festival de Cannes, numa época em que o autor já estava tão desencantado que quase não queria mais falar sobre seus filmes. Os franceses, quando ele morreu, discutiram se era um místico com nostalgia por um mundo ancestral ou um cínico niilista. Antônio Gonçalves Filho criou uma bela metáfora para o cinema de Kieslowski. Lembrou o primeiro mandamento do Decálogo, no qual o Deus vingador, com inveja do cientista racional que mantém bom relacionamento com o filho superdotado, faz o garoto afundar num lago gelado. O cinema de Kieslowski também teria afundado no gelo contemporâneo. Cada vez mais seus filmes se distanciaram dos modernos para atacar velhas questões fundamentais que perseguem os homens. Fala-se pouco nos filmes de Kieslowski, e em *Não Matarás* ele transformou o garoto assassino num afásico que cospe palavras dificilmente audíveis. Isso leva Gonçalves Filho a outra metáfora para captar a essência do cinema de Kieslowski: querendo atingir o invisível, ele desconstruiu o Verbo para melhor entender a gênese das coisas.

ABBAS – O GOSTO DA REALIDADE

Close-up, de Abbas Kiarostami

De vez em quando aparece na tela, o céu do cinema, uma estrela fulgurante. Em 1995, quando surgiu a primeira edição deste livro, quem parecia se enquadrar na definição era um certo Quentin Tarantino. Quentin quem? Com exceção do violento, mas sensível *Jackie Brown*, de 1997, tudo o que ele produziu depois de *Tempo de Violência (Pulp Fiction)*, feito dois anos antes e recompensado com a Palma de Ouro em Cannes, só contribuiu para desmontá-lo da condição de cineasta influente, iluminador de caminhos, e para relegá-lo ao esquecimento. Naquele mesmo ano, o dublê de crítico e escritor cubano Guillermo

Cabrera Infante percebeu que, se havia uma estrela nova no céu do cinema, era Abbas Kiarostami. O tempo deu-lhe razão, e como! Kiarostami ganhou a Palma de Ouro, em 1997, com *Gosto de Cereja*. Na seqüência, ganhou a homenagem de *Cahiers du Cinéma*: a revista francesa lhe dedicou uma edição inteira, com direito a um glorioso título na capa: Kiarostami, le Magnifique. É a definição aplicada no Corão ao próprio Maomé. Será Kiarostami o profeta do cinema do futuro?

Quando Kiarostami começou a surgir na Europa, no final dos anos 1980, o cinema que dava as cartas nos grandes festivais e no circuito de arte-e-ensaio internacional era o chinês, com Zhang Yimou à frente. O autor chinês beneficiava-se da beleza de sua mulher na época, Gong Li, que colocava no centro de suas investigações sobre o patriarcalismo da sociedade chinesa tradicional. Kiarostami não tinha uma mulher tão bonita em seus filmes para torná-los atraentes. Mas ele conseguiu, quase instantaneamente, tornar-se um cineasta fundamental, ajudando a colocar o Irã no mapa do cinema mundial.

Justamente o Irã. Naquela época, o país havia passado pela revolução dos aiatolás e, na seqüência, pela guerra contra o Iraque. Por mais que Xá Mohamed Reza Pahlevi, aliado dos americanos nos anos 1960, tenha tentado ocidentalizar o Irã, não havia conseguido desenvolver, no país, uma cultura voltada para o cinema. Na era dos aiatolás, com suas restrições religiosas, parecia ainda mais improvável que isso fosse ocorrer, mas ocorreu. Em 1987, Kiarostami já tem quatro filmes no currículo quando faz *Onde Fica a Casa do Meu Amigo?* Passam-se mais seis anos (e dois outros filmes) antes que *Vida e Nada Mais*, também conhecido como *E a Vida Continua...*, dê uma lição de vida e de cinema na Mostra Internacional de São Paulo de 1993. No ano seguinte, o impacto foi ainda maior com *Através das Oliveiras*.

Cabrera Infante fez uma bela análise de *Onde Fica a Casa do Meu Amigo?* É a história de um garoto que volta para casa, depois da escola, e descobre que ficou com o caderno do colega. Contra a vontade da mãe, ele resolve entregar o caderno e ingressa numa espécie de odisséia, porque ninguém sabe onde mora o amigo. Kiarostami filma um itinerário, uma busca. Ela começou, Cabrera Infante observa, na Idade Média com o Santo Graal, continuou com Shakespeare em *A Comédia de Erros* e teve sua culminância com Herman Melville, no século 19, quando um certo Capitão Ahab lançou-se à procura de uma mítica baleia branca, em *Moby Dick*. E não terminou aí. No século 20, a busca prosseguiu por meio das indagações de um escritor expressionista que contou, em *Metamorfose*, a história de um sujeito que acordou e descobriu que havia virado uma barata. Franz Kafka era seu nome. Tudo isso pôde ser evocado por Cabrera Infante a partir de um filme que, aparentemente, não comporta esse tipo de análise.

Onde fica a casa do meu amigo, de Abbas Kiarostami

Em *Onde Fica a Casa do Meu Amigo?* e, depois, em *E a Vida Continua...*, Kiarostami foi comparado a Roberto Rossellini. Esses filmes formam uma trilogia com *Através das Oliveiras*. O segundo mostra o garoto de *A Casa do Meu Amigo* apenas numa fotografia. É, de novo, a história de uma busca. Acompanhado pelo filho, um diretor de cinema procura o menino ator, não para fazer outro filme, mas para saber se sobreviveu ao terremoto que devastou o Irã em 1990. Não parece muita coisa, mas como nos filmes de Rossellini, um dos fundadores do neo-realismo italiano, toda a riqueza vem da precariedade técnica e da aparente falta de assunto. Kiarostami define o terremoto como um ato de Deus, um fenômeno da natureza. Mas ele não fez o filme para denunciar a Deus, nem para erguer dos escombros uma metáfora sobre a situação política do Irã. Ao se colocar na estrada, Kiarostami está mais preocupado com as pessoas, com o que perderam, com o que aprenderam, já que a desgraça também encerra uma lição de vida.

Diante de *E a Vida Continua...*, os críticos observam, não sem surpresa, que o cineasta é um homem culto e sabe filmar, apesar da modéstia das condições de produção. Com *Através das Oliveiras*, o projeto de cinema de Kiarostami fica ainda mais sofisticado. Ele não inventou o metacinema, o cinema crítico de si mesmo, a linguagem usada para discutir a própria linguagem, mas consegue dar uma lição perfeita sobre o que seja isso. Em filmes como *E a Vida Continua...*, ele seguia uma lição do neo-realismo, trabalhando com atores não profissionais. Em *Através das Oliveiras*, os amadores contracenam com Mohamed Ali Keshavarz, que faz o papel de um diretor de cinema. Kiarostami, que já havia mostrado que a vida continua, faz agora um filme dentro de um filme, voltando ao tema do grande terremoto. O diretor de *Através das Oliveiras*, que não é o mesmo de *E a Vida Continua...*, quer fazer um filme na região devastada em 1990.

Essa é a história, bastante tênue, por sinal. *Através das Oliveiras* trata do que não deixam de ser os bastidores de uma filmagem: escolha do elenco, das locações, as relações entre os integrantes da equipe. Por meio do filme que está sendo filmado, Kiarostami desconstrói a noção de realismo e, ao mesmo tempo, constrói uma reflexão sobre o cinema como função imaginária, sobre aquilo que o olho da câmera registra (e o espectador vê). É muito mais rico e mais complexo do que a abordagem que François Truffaut faz do mesmo tema em *A Noite Americana (La Nuit Américaine)*, de 1973, que venceu o Oscar de melhor filme estrangeiro no ano seguinte. Há um qüiproquó romântico em *Através das Oliveiras*, pois o ator dentro do filme apaixona-se pela atriz, mas ele é pobre, analfabeto, e ela o rejeita. O ator não desiste, insiste e boa parte do encanto do filme decorre de suas tentativas de aproximação.

Há aí uma dubiedade que toca a condição feminina no Irã. É uma cultura baseada numa tradição em que a mulher tem de se submeter. Ela não quer o pretendente, porque acha que ele não tem futuro. Mas ela também não quer o papel que a tradição cultural de seu país impõe às mulheres. Parece simples, mas de novo, como *E a Vida Continua...*, não é. Por meio do metacinema, Kiarostami foge à noção documental do neo-realismo e a sofistica, enormemente. Seu cinema vai ficar cada vez mais sofisticado nos anos seguintes, mas sua sofisticação, curiosamente, remete a uma simplicidade que é essencial, pois o ideal de Kiarostami é o filme sem diretor ou aquele em que o diretor reduz sua participação ao mínimo para que o espectador tenha a liberdade de ver, na tela, a vida como ela é.

Após a trilogia de Quoquer, assim chamada por que os três filmes se passam nessa região do Irã, Kiarostami faz dois episódios para filmes múltiplos que homenageiam o centenário do cinema, na França – *A Propos de Nice, Après les Repérages* e *Lumière et Compagnie* –, antes de atingir o que parece a culminação de sua arte com *Gosto de Cereja*. O filme divide a Palma de Ouro em Cannes com *A Enguia*, do japonês Shohei Imamura. É, de novo, o que parece um filme sem assunto. Nas primeiras cenas, um carro percorre as ruas de Teerã. É conduzido por um homem que aborda outros

Gosto de Cereja, de Abbas Kiarostami

homens e lhes oferece dinheiro. Operários, militares. Parece que se trata de uma abordagem sexual, e Kiarostami, depois de falar da condição da mulher na sociedade iraniana, vai falar agora sobre o homossexualismo. Não é nada disso. Esse homem procura quem o ajude a morrer. Quer se matar, mas quer alguém que cave sua sepultura e o enterre.

Em Cannes, durante o festival que terminou com a sua vitória na Palma de Ouro, Kiarostami contou a gênese de *Gosto de Cereja*. O filme começou a nascer quando ele era jovem e seu pai sofreu uma doença que terminou sendo fatal, mas antes o deixou muito tempo agonizante. Vendo aquela agonia, o jovem Kiarostami chegou à conclusão de que há casos em que a idéia de acabar com a própria vida é perfeitamente racional. Vivendo numa sociedade religiosa como a iraniana, ele foi além, pensando que a religião não oferece a sabedoria mais elevada para se tratar de questão tão grave. Quando leu a frase célebre do filósofo Emil Michel Cioran – "A vida seria intolerável se não houvesse a opção pelo suicídio" –, Kiarostami admite que foi como se um clarão iluminasse as trevas em que se debatia. Surgiu, assim, a história – que não é bem uma história – sobre o suicida interpretado pelo ator Homayoun Ershadi.

Se fosse um filme hollywoodiano – não necessariamente americano, pois o conceito de Hollywood atravessa fronteiras –, o diretor apresentaria uma série de motivos para justificar a opção pelo suicídio. Não Kiarostami. Ou melhor: ele até apresenta esses motivos, mas os dilui numa narrativa em que nada é dito claramente e é preciso prestar atenção ao não dito. Também em Cannes, comentando a reação das pessoas ao seu filme – o começo, que parecia o de um filme gay –, ele disse que o que sugere essa interpretação são nossos olhos de espectadores, viciados nos códigos de violência que parecem ter virado o feijão-com-arroz do cinema-espetáculo. Surge, então, de maneira mais clara, o conceito que anima o cinema de Abbas Kiarostami. Ele quer reeducar o olhar do público, estabelece uma conversa para que o espectador olhe de maneira diferente para os filmes. Já era a proposta de *Através das Oliveiras*.

Sem fornecer chaves precisas, Kiarostami faz o Irã falar, por meio das imagens de *Gosto de Cereja*, e vai explicitando as raízes dessa náusea que consome Baddi, o personagem de Ershadi. O Irã que emerge deste filme é um país árido, seco, consumido pelo pó. É habitado por desempregados e homens militarizados. As mulheres quase não aparecem e, quando isso ocorre, estão escondidas por trás do xador, que as cobre da cabeça aos pés e deixa apenas os olhos à vista. As crianças estão ausentes. Justamente, as crianças. Um pouco para driblar a censura dos aiatolás, mas também porque o novo cinema iraniano surgiu em torno de um instituto que produzia imagens para estimular a educação infantil, os diretores privilegiavam as crianças em seus filmes.

Na sua trilogia de Quoquer, Kiarostami pode falar sobre a vida e o cinema e até projetar-se na figura dos diretores que coloca em cena, mas dirige sua câmera para as crianças e é por meio delas, do seu olhar inocente, que consegue dar um testemunho sobre o país. Outros diretores seguem o mesmo caminho. Jafar Panahi, em 1995, realiza o delicado *O Balão Branco*. Cinco anos mais tarde, com a elaborada estrutura narrativa de *O Círculo*, ele ganha o Leão de Ouro no Festival de Veneza, ampliando um discurso sobre a mulher na sociedade iraniana que nasceu no outro filme. O próprio diretor explicou que fez *O Círculo* movido pelo desejo de tentar antecipar o que poderia ocorrer com aquela menininha que procurava o balão branco. Tudo isso é verdade, mas vale a pena recorrer às chaves de Freud, para ver o que a psicanálise tem a dizer sobre *Gosto de Cereja*.

A psicanalista Miriam Chnaiderman, que invadiu cemitérios com sua câmera para fazer o curta *Artesãos da Morte*, vai mais a fundo nessa questão do desejo de Baddi de ser enterrado. Ela lembra que Freud desenvolveu toda uma teoria sobre as três formas que a mãe assumiria durante a vida das pessoas: a mãe mesmo, a amada e a mãe-terra, que representaria o inexorável acolhimento final, na paz da sepultura. O pedido que Baddi faz aos três homens aos quais oferece dinheiro é, portanto, o de um gesto materno. Cobri-lo com a terra, diz Chnaiderman, é assegurá-lo de que será embalado, na morte, como um bebê. O próprio fato de que os homens são três, assegura Miriam, remete a Freud, que, num ensaio de 1913, *O Tema da Escolha dos Três Cofrezinhos*, discute a recorrência do número três em vários contos, mitos e peças de Shakespeare. Citando *O Mercador de Veneza* e *Rei Lear*, Freud observa que, nessas peças, a escolha se dá sempre entre três. E ao fazer com que a terceira seja a escolhida – a terceira filha de Lear –, na verdade o que ele está querendo falar é sobre a morte. Kiarostami retoma a vertente de Freud para dessacralizar o tema-tabu.

Ten (Dez), de Abbas Kiarostami

Parecia difícil, senão impossível, acreditar

que Kiarostami ainda poderia ir mais longe, fazendo coisa melhor, mas ele fez. No Festival de Cannes de 2002, o autor iraniano lançou um filme com o singelo título de *Ten*. Cannes, em 2002, celebrou duplamente uma estética do fluxo contínuo e do digital, que os franceses chamam de *numérique*. Dois anos antes, a Palma de Ouro já havia sido atribuída a *Dançando no Escuro (Dancer in the Dark)*, de Lars Von Trier. Em 2002, graças a essa tecnologia, Alexandr Sokúrov pôde fazer, com *Arca Russa*, o primeiro filme inteiramente narrado em um só plano da história do cinema. Kiarostami fez o filme dele em dez planos-seqüências, daí o título, *Ten*. O diretor israelense Amos Gitai foi um pouco além, 14 planos-seqüências em *Kedma*. Alguém precisava tentar o plano único, foi Sokúrov. Mas os filmes de Kiarostami e Gitai são muito mais interessantes. É por eles, mais do que por Sokúrov, que passa o futuro do cinema.

Arca Russa, de Alexander Sokúrov

Kiarostami tem um sonho secreto. Depois de fazer numerosos filmes sem assunto, ou com assuntos minimais, ele sonha chegar a um tipo de filme no qual estaria eliminada a noção de autor. Ele chegou mais perto que nunca dessa idéia com *Ten*. É mais um filme de itinerário, de estrada. Passa-se inteiramente dentro de um carro. Dividido em dez planos, acompanha as conversas da motorista – é uma mulher, o que não representa pouco, numa sociedade como a iraniana – com diferentes pessoas que cruzam seu caminho. O primeiro e o último passageiros, compondo a estrutura circular de *Ten*, são o mesmo, o filho da protagonista. Kiarostami fez um minucioso trabalho de preparação. Escolheu o que seria cada personagem, estabeleceu as relações entre eles e o que seriam as relações entre todos os planos (e todos os personagens). Desencadeado o processo, ele captou as imagens de cada plano com duas câmeras digitais.

Não gritou "Ação!" para iniciar as cenas, nem "Corta!", para encerrá-las. Utilizando a duração total de cada chassi de digital, saiu de cena e deixou os atores livres, mesmo que o plano tivesse sido previamente estabelecido. Na verdade, em nome da honestidade, é preciso dizer que a atriz Mania Akbari, que faz a motorista, uma mulher muito bonita, tinha um aparelho de escuta instalado no ouvido. No filme, vemos que ela repete numerosas vezes o gesto de levar a mão à orelha. Em geral, são os momentos em que Kiarostami lhe ditava alguma coisa. Ele estava, assim, ao mesmo tempo ausente e presente no *set*. Não ficou nem perto do carro no qual se processava a gravação das cenas (já que se trata de digital, é o termo correto: gravação, não filmagem). Mas também não ficou inteiramente longe, pois podia interferir, por meio das orientações à atriz.

Entre as dez cenas, os dez planos, aparecem os números que correspondem a cada tomada (e que Kiarostami também já havia utilizado no desfecho de *Gosto de Cereja*, que também já usava, em parte pelo menos, a tecnologia digital). Toda a *mise-en-scène* de Kiarostami reduz-se, assim, à intervenção que consiste em juntar esses dez planos num efeito rudimentar de montagem, distante anos-luz do que propunha Serguei Mihailvitch Eisenstein. Criou-se em Cannes, 2002, uma definição para *Ten*. Seria o carro-cinema de Kiarostami. Todos os críticos se perguntavam: onde vai o carro-cinema do diretor após mais essa experiência no rumo da eliminação dele próprio como autor? O conceito é perturbador, mas um humanista como Kiarostami não o aplicaria simplesmente pelo experimentalismo estético. O menino que abre e fecha *Ten* é um reizinho que se torna a lei de um mundo que autoriza a mãe e impede a mulher de existir. Independentemente da discussão sobre autoria que propõe, *Ten* é magistral como investigação sobre a mulher na terra dos aiatolás.

BAZ LUHRMANN – O "ROCCO" DO VIDEOCLIPE

Cena do filme Moulin Rouge

    Atraído por um tipo de cinema que reduzisse ao mínimo a fragmentação do real, o crítico André Bazin privilegiava a profundidade de campo. Para ele era a representação de uma estética da horizontalidade e das situações em bloco, que, respeitando o fluxo dos fenômenos do real e a multiplicidade dos pontos de vista, reduzia ao mínimo a fragmentação que ele via no cinema de montagem. Bazin considerava este último tão retórico quanto o expressionismo, gostando de opor Jean Renoir e Orson Welles, Roberto Rossellini e William Wyler a Sergei Mihailovitch Eisenstein e ao caligarismo. Bazin aceitava algumas impurezas do cinema. Incorporou o som às suas teorias, defendia os filmes extraídos de fontes literárias e teatrais. Era menos tolerante com todas as formas de artifícios, que, segundo ele, afastavam o cinema de sua vocação realista, com origem na fotografia. Mas até Bazin, para ser honesto consigo mesmo, volta e meia rendia-se ao charme do cinema impuro.

Referindo-se a não importa que comédia musical, ele disse que ela tinha tudo o que abominava no cinema, mas era forçado a admitir que se divertira muitíssimo e saíra do cinema nas nuvens. Bazin teria gostado de *Moulin Rouge*, o filme de Baz Luhrmann que, em 2001, virou manifesto de um cinema impuro. Vamos lá: se existe um cinema impuro é porque deve haver a sua contrapartida, o cinema puro. Este pode ser identificado em autores como o japonês Yasujiro Ozu e o francês Robert Bresson, que dizia que o cinema, para ser verdadeiro, tem de usar imagens e sons puros, como ele fez na obra-prima *Pickpocket*, de 1953. Um raro herdeiro desses dois, Aki Kaurismaki, dirigiu, em 2002, o filme *O Homem sem Passado*, que oferece uma súmula atualizada das idéias de Bresson e Ozu, incorporadas ao estilo burlesco do próprio cineasta finlandês.

Há um cinema puro, portanto, e um impuro, que engloba muito mais autores. Eisenstein, Jean-Luc Godard, Luchino Visconti, Bob Fosse, cada um à sua maneira, praticam esse cinema impuro. Não se trata de fazer uma defesa da quantidade sobre a qualidade, até porque todos esses praticantes de um cinema que se poderia chamar de "impuro" são diretores fundamentais. A pureza da arte do cinema é privilégio de poucos, mas eleger essa via como a única é negar a própria origem do cinema. Ele pode ter surgido com os irmãos Lumière, mas logo em seguida, com Georges Méliès, o cinema descobriu sua vocação circense. Era exibido nas feiras, como atração nos parques de diversões. A vertente de Luhrmann é a de Méliès. Até por isso, é preciso uma tomada de posição diante de *Moulin Rouge*. É um belíssimo filme, mas o excesso de paetê e purpurina do musical de Luhrmann tende a provocar a irritação dos alegados "puristas" do cinema. *Moulin Rouge* chegou a ser definido como um filme insuportável. Quem pensa assim acredita num cinema suportável, que talvez se enquadre mais no gosto médio. *Moulin Rouge* pode suscitar paixões. É um filme que você ama ou odeia, tudo bem. Não é médio. O mediano, o suportável, é a morte da arte.

Luhrmann é um diretor australiano de ópera e cinema. Havia feito, no palco, uma versão de *La Bohème* que foi a base para *Moulin Rouge*. Em dez anos de carreira, realizou três filmes a partir de 1992. Compõem o que o próprio autor chama de trilogia da *red courtain*, a cortina vermelha. Você não precisa amá-los todos. O primeiro, *Vem Dançar Comigo (Strictly Ballroom)*, é uma divertida exaltação do *kitsch*, por meio da história de Scott Hastings (Paul Mercurio), um dançarino de salão que se rebela contra as coreografias imutáveis determinadas pela federação de dança em seus concursos. Abandonado pela parceira, ele resolve disputar o campeonato praticando uma dupla ousadia: introduz passos acrobáticos (e proibidos) na sua coreografia e ainda transforma a faxineira da academia na sua *leading lady*, no que não deixa de ser uma variação da história do patinho feio que vira cisne. Fran (Tara Morice) começa o filme sem a menor graça. Termina deslumbrante.

O diretor não comete o erro de contar sua história a sério. *Vem Dançar Comigo* é assumidamente caricatural. Os diálogos são todos clichês, a começar pela frase que sintetiza o sentido do filme e que Fran atira na cara de Hastings: "Viver com medo é viver pela metade". Só um diretor consciente dos seus objetivos seria capaz de arriscar-se tanto. A trilogia da cortina vermelha, iniciada por esse filme, quer justamente discutir o conceito do espetáculo – na arte e na vida. Ela prosseguiu com *Romeu e Julieta*, na verdade, *Romeu + Julieta*, a versão com Leonardo DiCaprio e Claire Danes. Críticos e historiadores gostam de dizer que a tragédia lírica de Shakespeare não é só a história de dois amantes, mas a de uma cidade inteira e, nesse sentido, é uma tragédia social. Toda Verona está implicada na briga entre Capuletos e Montecchios, que vai selar o destino dos amantes. Um crítico, Antônio Gonçalves Filho, observou que essa tragédia vem atraindo e sendo contada há séculos por homossexuais.

Ele cita desde o próprio Shakespeare, uma classificação sujeita a polêmica – o bardo é muito mais pansexual –, George Cukor, Franco Zeffirelli e até os autores do musical *West Side Story*, que deu origem, no começo dos anos 1960, ao filme de Robert Wise e Jerome Robbins lançado no Brasil como *Amor, Sublime Amor*. São eles Leonard Bernstein (música), Stephen Sondheim (letras) e Arthur Laurents (diálogos). Gonçalves Filho considera *Romeu + Julieta* apenas uma diluição *kitsch* e estranha, e que Luhrmann trate a relação de Romeu e Mercutio como brincadeira entre um garoto *fashion* e uma *drag queen*. Não entendeu que é justamente por meio desse recurso que o diretor dá razão ao que ele próprio afirma em sua interpretação militante (e um tanto reducionista) da arte shakespeariana. A idéia de diluição *kitsch* também merece um reparo. Ao imprimir um sabor latino

Cena do filme *Romeu e Julieta*

e dar a Shakespeare uma embalagem para adolescentes, Luhrmann usa o fascínio do excesso *kitsch* para colocar na tela a cultura de estereótipos de Miami numa versão tão assumidamente paródica e irônica quanto a de *Vem Dançar Comigo*.

E, então, com *Moulin Rouge*, Luhrmann fecha a sua trilogia. É o melhor, disparado, dos três filmes. A vulgaridade e o mau gosto deixam de ser meramente divertidos, o *kitsch*, graças a um elaborado trabalho de reflexão por parte do diretor, vira metáfora da realidade. Pois *Moulin Rouge* é uma tragédia viscontiana, com base na obra do diretor que fez uma verdadeira revolução na ópera no século 20. Na obra de Luchino Visconti, Baz Luhrmann seleciona justamente o maior de todos os filmes, *Rocco e Seus Irmãos (Rocco e I Suoi Frattelli)*, de 1960. É um clássico do cinema impuro, porque seu realismo social está impregnado de elementos melodramáticos e operísticos. Luhrmann confessa que ama Visconti, considera *Rocco* um monumento de cinema. Não precisaria dizê-lo. A admiração está expressa em *Moulin Rouge*, da primeira à última cena.

Basta prestar atenção no começo. Depois que a cortina vermelha se abre e Luhrmann faz sua brincadeira com a marca da empresa distribuidora Fox, entra o narrador que canta: "There was a boy..." Havia um garoto especial e ele aparece à direita na tela. É Christian, interpretado por Ewan McGregor, que vai tentar a sorte em Paris, como a família Parondi, de *Rocco e Seus Irmãos*, que também persegue um sonho em Milão. Luhrmann usa o rosto iluminado de McGregor do mesmo jeito que Visconti usava o de Alain Delon – para expressar um ideal de pureza. No fim, quando Satine, a deslumbrante Nicole Kidman, morre, o diálogo reproduz a fala de Nadia (Annie Girardot), assassinada por Simone (Renato Salvatori), no desfecho de *Rocco*. "Cubra-me, tenho frio." Você pode achar que o viscontismo de Luhrmann é superficial. Não é. Embutido na história de Christian e Satine está o mais viscontiano dos temas: o destino trágico de sonhadores cujos sonhos são destroçados pela realidade.

A própria estrutura melodramática de *Moulin Rouge*, encoberta por toneladas de frufrus, não desagradaria ao grande Luchino, que dizia que o melodrama e Verdi foram seus primeiros amores. É uma exaltação do amor, que outro diretor importante, François Truffaut, considerava, até mais do que Visconti, o maior de todos os temas. O que Christian aprende com sua história é que o essencial, na vida, é dar e receber amor. A frase, em si, encerra uma verdade imensa, mas é tratada como clichê. Encerra uma ironia com a frase famosa de *Love Story*, que Arthur Hiller adaptou do *best-seller* de Erich Segal nos anos 1970 e foi lançado no Brasil como *História de Amor*. Oliver (Ryan O'Neal) dizia a seu pai, no fim: "Amar é não ter que pedir perdão". Essa idéia do amor como uma coisa que se dá e recebe também não deixa de ser uma retomada da frase que Fran também dizia a Scott Hastings em *Vem Dançar Comigo*, que o importante é viver sem medo.

Esse tema está de novo proposto em *Moulin Rouge*, na revolução pregada por Toulouse-Lautrec e seu grupo de amigos, ao qual se integra Christian. É uma revolução do sexo, da liberdade, do amor, que o repressivo pai de Christian desdenha ao gritar bem alto, no começo, que não agüenta mais a ridícula obsessão do filho pelos sentimentos. Christian busca o amor em Paris. Encontra, no *Moulin Rouge*, a sedutora Satine. Ela é prostituta e acha que os diamantes são os melhores amigos de uma garota, como Marilyn Monroe, que cantava *Diamonds Are Girls Best Friends* no musical *Os Homens Preferem as Loiras (Gentlemen Prefer Blondes)*, de Howard Hawks, nos anos 1950. Não é verdade. Não era para Hawks e não é também para

Luhrmann. Satine, que exibe as pernas e arrasta multidões de homens com seu canto e dança, quer ser atriz dramática. Envolve-se com um aristocrata que lhe promete o estrelato, mas exige, em troca, exclusividade na sua cama e no seu coração. Ela se apaixona sinceramente por Christian. Quando o outro ameaça matar seu amante, Satine tem, enfim, a chance de mostrar, na vida, que grande atriz ela é. Pois mente com tanta convicção para salvar Christian que engana o rapaz.

Verdades, mentiras. Baz Luhrmann retoma a bandeira de Orson Welles. Seu filme é narrado sob a forma de um imenso *flashback*. É a autópsia de um sonho. Para criar esse sonho na tela, o diretor recorre sem pudor a todo tipo de artifício cênico. Cor, música, delírios cenográficos, vertigens na movimentação da câmera. Luhrmann conhece música como poucos. Não são só os autores de óperas que ele montou no palco. *Vem Dançar Comigo* faz uma seleção de tangos, rumbas, boleros, flamencos, valsas, discoteca. A trilha de *Romeu + Julieta* já foi definida como "a vingança do britpop", fazendo uma compilação de ótimas canções que incluem Butthole Surfers, Gavin Friday e Radiohead. Em *Moulin Rouge*, o diretor usa letras de canções famosas para compor os diálogos. E, de novo, não tem preconceitos. Clássicos do rock juntam-se a melosas canções no vozeirão de Whitney Houston. O pop invade e subverte a história e todos esses simulacros fazem do cinema imperfeito de Baz Luhrmann a essência do pós-moderno no cinema.

É preciso confiar no autor quando ele diz que *Moulin Rouge*, encerrando sua trilogia da cortina vermelha, encerra também uma fase de sua carreira. Não é que ele queira agora fazer filmes bressonanianos, mas Luhrmann, com seu filme-manifesto, afirma haver esgotado um tipo de reflexão que queria fazer sobre a arte e a vida. Todos os signos auditivos e visuais que ele expõe em *Moulin Rouge* pertencem à era da cultura pop. A própria fragmentação do real potencializa uma tendência que começou na cena da morte de Marion Crane na ducha do clássico de Alfred Hitchcock, *Psicose (Psycho)*, de 1960. Quando usa signos de *A Noviça Rebelde (The Sound of Music)*, de Robert Wise, de 1965, Luhrmann não está diluindo, mas, pelo contrário, fazendo uma crítica à diluição artística e cultural que se seguiu à revolução do pop.

Luhrmann é mais esperto do que seus críticos. Ele sabe que o *kitsch* é, antes de mais nada, uma espécie de equívoco, uma mentira artística. Sérgio de Campos Mello disse-o com todas as letras, num diálogo com o crítico Roberto Pontual. O *kitsch* situa-se no pólo oposto da vanguarda, que, por princípio e definição, deve trazer algo de nível ao plano da criação, enquanto o novo no *kitsch* se refere ao nível do consumo. Campos Mello observa que é fácil constatar de onde deriva um objeto ou manifestação *kitsch*, de que forma, movimento, escola, artista ou obra ele está partindo. Da vanguarda ao *kitsch* transcorre o tempo necessário para que a primeira seja assimilada, aceita e até digerida pelo segundo. Considerado como um adjetivo essencialmente desfavorável, que as pessoas tendem a empregar no sentido pejorativo – de brega, cafona, mau gosto, mas quem é o juiz supremo que estabelece essas classificações? –, há críticos que interpretam o *kitsch* como uma das possibilidades do futuro da arte, com o computador. Saído do sistema de valor da classe burguesa, ele seria a verdadeira arte social, uma arte de massa oposta a uma série de mecanismos elitistas que são inacessíveis para a maioria. Luhrmann, ao criticar a diluição *kitsch* da vanguarda, estaria, na verdade, devolvendo o cinema à vanguarda, com sua arte impura.

Por seu gosto pelo artifício, Baz Luhrmann foi comparado a Max Ophüls (1902-1957), o mestre vienense da valsa, o cineasta dos movimentos vertiginosos da câmera. Sua obra-prima, *Lola Montès*, de 1955, é um filme excessivamente barroco, cuja narrativa fragmentada não segue nenhuma ordem cronológica e cuja atriz principal, Martine Carol, não gozava de boa reputação junto aos críticos. *Lola Montès* foi um fracasso de público na época do lançamento e também não foi nenhuma unanimidade de crítica. O diretor, desgostoso, morreu pouco tempo depois e só bem mais tarde *Lola Montès* virou uma obra de culto. *Moulin Rouge* chegou a ser chamado de *Lola Montès* dos anos 2000, o que levou alguns críticos a dizerem que cada época tem a Lola Montès que merece. Já era o que diziam os detratores do clássico de Ophüls nos anos 1950.

Baudelaire dizia que a carne é triste. É o tema dos filmes de Ophüls, com sua preferência pela personagem da prostituta que desafia a ordem duplamente, com a exploração comercial do seu corpo e a paixão. As prostitutas de Ophüls sempre se apaixonam, vivem paixões intensas e malsucedidas, pois são excluídas socialmente e não podem aspirar a uma integração que lhes é vetada. A conseqüência é que suas heroínas, se despertam desejo, colhem a dor como recompensa. Estamos falando de Ophüls ou de Baz Luhrmann, de Lola Montès ou Satine? Ophüls chegou a ser definido, pejorativamente, como cineasta decorativo. Nada mais equivocado. Ele precisava desses movimentos de câmera – atravessando salões, subindo e descendo escadas – porque o espaço, em seus filmes, é a representação da interioridade dessas mulheres cuja dor tenta minimizar por meio da ternura que lhes dispensa. É uma câmera que acaricia a mulher, como a de Baz Luhrmann. Ele parte de Visconti para chegar a Max Ophüls (ou será o contrário?).

Um ano antes de *Moulin Rouge*, o cineasta dinamarquês Lars Von Trier provocou sensação com *Dançando no Escuro (Dancer in the Dark)*. O filme interpretado por Björk ganhou a Palma de Ouro no Festival de Cannes. Sua estética digital foi saudada pelos admiradores como o futuro do cinema. O futuro está no digital, no computador ou no *kitsch*? Luhrmann recorre a um arsenal de artifícios e percorre outro caminho para chegar ao mesmo tipo de conclusão sincera de Van Tier em relação aos temas do amor e da morte. Às vezes, o artifício é o atalho mais curto para se chegar à verdade. E o que é isso? A verdade? Se a filosofia não esgotou o tema do que é ou existe ineludivelmente, por que exigir do cinema uma verdade única, um só caminho? Não há nada mais belo – nem triste, tocante e profundo – do que a cena em que John Leguizamo, como Toulouse-Lautrec, querendo resgatar Christian do desespero em que o lançou a confissão (falsa) de Satine de que não mais o ama, diz para o amigo: "Eu posso ser um anão, deformado e ridículo, cercado de cafetões e prostitutas, mas de um coisa eu entendo: amor. E sei que ela te ama". Quem diz isso no filme é um pintor. Na vida, Van Gogh disse ao irmão, Theo, que queria fazer quadros que consolassem. Luhrmann sabe das coisas. Querendo diminuí-lo, seus detratores, os que acham *Moulin Rouge* insuportável, é que ficam diminuídos.

Tempo de Violência (Pulp Fiction), de Quentin Tarantino

O FUTURO É DIGITAL

Algo novo, muito importante, ocorreu no Festival de Cannes de 2000. Para antecipar a entrada do evento no 3º milênio, a organização promoveu um colóquio para debater as novas tecnologias. Em anos anteriores, Cannes já vinha apresentando filmes feitos em vídeo. Em 1989, o presidente do júri, Wim Wenders, disse que acabara de ver o futuro do cinema e outorgou a Palma de Ouro a *Sexo, Mentiras e Videotape (Sex, Lies and Videotape)*, de Steven Soderbergh. Wenders, na verdade, parece ter demorado para ver o futuro do cinema. Em 1975, Jean-Luc Godard utilizou a televisão para fazer *Numéro Deux*. Na tela gigante do cinema, abrem-se duas telas menores e elas mostram, muitas vezes, em película e vídeo, a mesma cena. Não deixa de ser inusitado o recurso, porque essas imagens, redundantes e superpostas, não estão ali para contar uma história ou, pelo menos, godardianamente, não contam uma história no sentido tradicional. Em *Salve-se Quem Puder (a Vida)*, cinco anos mais tarde, Godard voltou a discutir as relações entre cinema e televisão. Comparou o celulóide e o videotape a Caim e Abel e deixou no ar a pergunta, formulada por um personagem: o vídeo mataria (ou matará) o cinema?

Logo depois desse segundo Godard, Francis Ford Coppola criou o seu sonho de neon, usando todos os recursos do cinema eletrônico para fazer *O Fundo do Coração*, em 1982. O filme é quase uma refilmagem do velho *Jogo de Paixões*, de George Stevens, com Elizabeth Taylor e Warren Beatty, de 1970. Ambos se passam numa Las Vegas reconstituída em estúdio, para destacar o caráter *fake* da cidade. Os dois possuem os mesmos personagens da corista e do jogador e atribuem importância idêntica a um avião, no desfecho. *O Fundo do Coração* é a versão pós-moderna de *Jogo de Paixões*. Coppola incorpora o vídeo, antecipa Soderbergh, mas é em 2000 que entra em cena o digital. O colóquio de Cannes apontou que o futuro do cinema seria digital, mas não resolveu a questão crucial: se o suporte mudar, o produto audiovisual continuará sendo, assim mesmo, cinema? O presidente do júri de Cannes, naquele ano, era o diretor francês Luc Besson, muito menos interessante do que Wenders. Deixou-se levar pela novidade e premiou *Dançando no Escuro (Dancer in the Dark)*, do dinamarquês Lars Von Trier.

O filme já havia chegado a Cannes consagrado como a obra mais revolucionária do ano. Muito se comentou sobre as cem câmeras digitais que o cineasta teria usado na cena da coreografia na fábrica. E, depois, independentemente de sua tecnologia, *Dançando no Escuro* era um filme ousado, um musical sobre a pena de morte, que retomava a bandeira de *A Noviça Rebelde (The Sound of Music)*, de Robert Wise, de 1965, mas se afastava da corrente espetacular de Bob Fosse em *All that Jazz*, também premiado com a Palma de Ouro e exibido no Brasil com o título de *O Show Deve Continuar*. É curioso assinalar que *Dançando no Escuro*, como *Moulin Rouge*, de Baz Luhrmann, além de tomar *A Noviça* como referência ainda desenvolve uma reflexão parecida para falar de amor e morte, segundo a qual o artifício é uma maneira de chegar à verdade.

Dançando no Escuro ficou sendo uma espécie de filme-manifesto das novas tecnologias e Lars Von Trier, que havia deflagrado em seu país o movimento chamado de Dogma, transformou-se no garoto-propaganda do digital. Para isso, teve de romper com o próprio movimento que tinha criado. O Dogma, cujos signatários definem-se a si mesmos como monges-cineastas, estabelece dez regras que estipulam, entre outras coisas, que o filme não deve ter música nem recorrer a iluminação artificial. Von Trier jura que não usou rebatedores em *Dançando no Escuro* e, pela qualidade da fotografia, pode-se acreditar que não esteja mentindo. Mas ele não só usou música que não fosse ambiental como quebrou outra regra, a de que os filmes não devem pertencer a "gêneros" (*westerns*, musicais, policiais).

Em todo o mundo, o digital virou a solução de todos os problemas. Em Hollywood, foi considerado ferramenta valiosa para a concretização dos efeitos especiais sobre os quais se assenta o edifício da indústria do cinemão. Fora da cinematografia hegemônica, o digital tornou-se atraente porque barateia os custos. Os críticos vaticinaram, por isso, que o digital ia desencadear uma enxurrada de filminhos domésticos, repetindo, talvez, o que houve com a bitola do super-8 no passado. Essa questão do custo é relativa: o filme pode ser feito em digital por uma ninharia, mas em 2003 o sistema de projeção não se baseia na nova tecnologia. Existem salas que expõem esses novos projetores, mas são raras. Para integrar o circuito tradicional de exibição, o filme em digital tem de passar para película, o que se chama de *transfer* e é um processo caro. O digital, de qualquer maneira, virou a sensação, saudado como o arauto de uma possível democratização do audiovisual.

Dois anos depois de *Dançando no Escuro*, o presidente do júri de Cannes era David Lynch. Premiou com a Palma de Ouro o sólido, mas um tanto clássico demais, *O Pianista (The Pianist)*, em que Roman Polanski, tomando como referência o caso do pianista Witold Szpilman, reconstitui a situação dos judeus no Gueto de Varsóvia como forma de falar sobre o horror que ele próprio experimentou no Gueto de Cracóvia, sob o nazismo. *O Pianista* pode ser clássico, mas não é apenas mais um filme sobre o holocausto. Possui cenas terríveis e faz uma reflexão importante sobre a arte como resistência à barbárie. A questão é que Cannes, em 2002, pode ter dado o prêmio máximo a um Polanski esteticamente conservador, mas o festival foi o quadro da celebração definitiva do digital. Com a nova tecnologia, o que Cannes, naquele ano, colocou em discussão, foi a própria unidade narrativa básica do cinema, o plano.

Em *Cahiers du Cinéma*, no número 566 (março de 2002), anterior ao Festival de Cannes em referência, Stéphane Bouquet já assinalava que o horizonte estético do cinema contemporâneo toma a forma de um fluxo que subverte as ferramentas que até então eram consideradas a própria *mise-en-scène*: o quadro como composição pictural no qual se inscreve o ator, como representação do homem no mundo; a montagem como sistema retórico; a elipse como condição do relato. O que Bouquet chama de "fluxo" é essa continuidade da imagem que já vinha sendo usada por Orson Welles desde o começo dos anos 1940. Um crítico e teórico como André Bazin, que via no cinema o supremo desenvolvimento de um conceito de objetividade com base na fotografia, defendia o plano-seqüência e a profundidade de campo porque via em ambos a possibilidade mínima de interferência no real, que identificava no expressionismo dos discípulos do Dr. Caligari, por exemplo, ou no cinema de montagem.

Graças à tecnologia digital, o plano-seqüência foi a estrela de Cannes em 2002. E mesmo quando o cineasta insistia em utilizar película, caso do israelense Amos Gitai, o que continuava em discussão era sempre o plano-seqüência, com suas implicações estéticas e morais. O francês Gaspard Noè chocou muita gente com a cena de estupro da personagem de Monica Bellucci, filmada em tempo real, num só plano de quase dez minutos, em *Irréversible*. Críticos irritados disseram que o filme, em vez de *Irreversível*, devia se chamar Irresponsável. Os irmãos Luc e Jean-Pierre Dardenne, que receberam a Palma de Ouro de 1999 com o bressoniano *Rosetta*, voltaram a Cannes com *Le Fils*. A história do homem que leciona num reformatório, descobre que o aluno é o garoto que matou seu filho e planeja a vingança, mas é tocado pela graça – no sentido de Robert Bresson, mesmo –, é narrada em planos-seqüências que reproduzem o antropomorfismo dos primeiros filmes de Luchino Visconti. A câmera dirige-se basicamente para o corpo dos atores, é do movimento deles que surge o fluxo a que se referiu Stéphane Bouquet.

Os irmãos Dardenne, eventualmente, usam campo e contracampo. Abbas Kiarostami, não. Ele divide *Ten* em dez quadros, dez planos contínuos que criam uma estrutura circular e colocam em discussão o papel da mulher na sociedade iraniana, tudo isso como forma de refletir sobre a própria linguagem, claro. Amos Gitai usa um pouco mais de planos,

13 ou 14, para discutir o mito fundador de Israel em *Kedma*. É o único que prescinde do digital. Gitai não abre mão de trabalhar com película. Pôde fazer seu filme, com planos contínuos de até 11 minutos, graças a uma bobina desenvolvida especialmente para ele pela Kodak. A radicalização dessa pesquisa em torno do plano ficou por conta do russo Alexandr Sokúrov, que narrou seu filme *Arca Russa* em um só plano contínuo de 90 minutos.

Alfred Hitchcock já tentara fazer isso no final dos anos 1940, mas a ausência de tecnologia apropriada – as bobinas de filme não ultrapassavam 8 minutos – obrigou-o a disfarçar os cortes que foi obrigado a fazer em *Festim Diabólico (The Rope)*. Havia certa justificativa dramática para aquela experiência. *Festim Diabólico* inspira-se num caso real e conta a história de dois rapazes que tentam cometer o crime perfeito. Convencidos da impunidade, eles escondem o cadáver numa arca (americana!) e a colocam no centro da sala na qual promovem uma festa. Um dos convidados vai desmascará-los, é o personagem interpretado por James Stewart. A concentração de tempo e espaço é fundamental em *Festim Diabólico*. Hitchcock apenas quis destacá-la ao filmar em plano contínuo, o que não conseguiu. Ele não achava a experiência muito interessante e até a considerava um erro. Talvez fosse, do estrito ponto de vista da organicidade de sua obra. A montagem é muito importante no cinema de Hitchcock. Não por acaso o mestre do suspense construiu daquele jeito a célebre cena da morte de Marion Crane na ducha em *Psicose (Psycho)*, de 1960.

Quando Sokúrov empreende o projeto de *Arca Russa*, a tecnologia digital já lhe permite, usando um chassi de câmera apropriado e fitas de uma duração muito mais longa, fazer em uma só tomada o filme que discute 300 anos de história da Rússia por meio de um passeio pelo Museu Hermitage, de

São Petersburgo. Você pode apenas imaginar as dificuldades que o cineasta teve de superar. Foram meses de preparação e ensaios para criar a iluminação e a coreografia da câmera e dos atores. Na hora de concretizar o planejado, houve apenas um contratempo. A câmera começou a gravar e um minuto depois o diretor e seus técnicos já sabiam que não ia dar certo. Abortaram a primeira tentativa. Na segunda, conseguiram ir até o fim. *Arca Russa* é um marco na história do cinema, pela radicalidade do pioneirismo do diretor. Passado o espanto, a admiração inicial – alguém tinha de fazer isso e Sokúrov fez –, começam os problemas.

O filme conta a história do ângulo da classe dominante e termina às vésperas da Revolução de 1917, sem que apareça a classe trabalhadora que tomou o poder após a derrubada do regime czarista. Já vimos como Serguei Mihaillovitch Eisenstein transformou a tomada do poder pela classe trabalhadora, antes, durante e depois da revolução, no grande tema de seu cinema, desenvolvendo uma teoria da montagem para expressar esses eventos na tela. Eisenstein, querendo ser revolucionário, privilegia a montagem. Sokúrov é anti-revolucionário, pelo menos se a revolução for a de 1917. Sua nostalgia é pela Rússia eterna, pelo czarismo. Há diálogos que ironizam e até criticam abertamente essa Rússia de aristocratas que imitam os franceses e querem, a todo custo, ser europeus. Mas a crítica é, no fundo, superficial. Ele se identifica com o antigo regime porque é um homem de cultura e acha que tudo o que de bom a Rússia produziu culturalmente foi sob o czarismo: Dostoievski, Tolstói, Chekhov.

Sokúrov não viu muito futuro na arte da revolução. Eisenstein não lhe interessa, Serguei Prokofiev teve de lutar contra a ditadura do Partido Comunista para desenvolver sua obra. Sokúrov gosta apenas de Alexandr Dojvenko, que fez o sublime *Terra (Zemlya)*. Nisso tem certa razão: mais do que

O Encouraçado Potemkin (Bronenosets Potymkin), a obra-prima de Dovjenko, de 1930, talvez seja o mais belo poema revolucionário de todo o cinema. Não admira, portanto, que a cena mais bonita de *Arca Russa* seja a do último baile do império, com o adeus a um mundo que vai desaparecer. Depois, a câmera focaliza o mar para que o diretor diga que estamos condenados a viver – navegar é preciso –, mas esse futuro lhe parece muito menos interessante até porque, em filmes anteriores, Sokúrov já se debruçou sobre os mitos de Adolf Hitler em *Moloch*, de 1999, e Lenine, em *Taurus*, de 2001. Os dois filmes compõem partes de uma tetralogia, que o diretor ainda pretende concluir, sobre os maiores tiranos do século 20 (Josef Stálin e Mao são os outros dois). O plano contínuo de *Arca Russa*, portanto, surge como uma reação à estética de Eisenstein. É uma marcha a ré no tempo (a nostalgia do czarismo), celebrada por meio de uma estética que pretende apontar caminhos. Sokúrov, a vanguarda à retaguarda?

Quando os diretores, em Cannes, em 2002, propõem filmes que colocam o plano em discussão, não deixam de estar avançando numa discussão que talvez tenha começado com o inglês Peter Greenaway, um artista multimídia que fez seus primeiros curtas no começo dos anos 1960, mas só conseguiu se impor no final dos 80, com a repercussão alcançada por filmes como *A Barriga do Arquiteto (The Architect's Belly)* e *Afogando em Números (Drowning by Numbers)*. Na cena inicial do segundo, uma garota, vestida como uma das meninas do célebre quadro de Velázquez, pula corda e conta até cem. Intrigado, um menino que assiste à cena lhe pergunta o porquê do número cabalístico e ela responde que, depois da centésima vez, tudo se parece. Pode-se identificar aí a gênese da obsessão de Greenaway pelo número cem. Em 1998, ele veio ao Brasil para mostrar, no Rio e em São Paulo, sua ópera representativa do fim do milênio. A ópera integrava um megaevento com exposição de pinturas e desenhos, além de filmes. O título não poderia ser mais sugestivo: *Cem Objetos para Representar o Mundo*.

Peter Greenaway pode ser um artista multimídia, mas na verdade nunca deixou de ser pintor. Sua fonte de referência é a pintura barroca, que enquadra a imagem e muda o mundo criando a ilusão. Como um pintor barroco, ele é obcecado pelo artifício e pelo excesso, mesmo em seu cinema. Greenaway fez da televisão de alta definição o seu suporte. Há uma singularidade que a caracteriza: ela garante uma imagem nítida, e é isso que fascina Greenaway, mas não consegue impedir que o espectador fique cego com o excesso de informação visual.

Greenaway passou anos advertindo que o cinema tinha de se libertar das amarras da narrativa tradicional que começou com David Wark Griffith, no século passado. Ele chegou a provocar polêmica com sua afirmação de que o cinema não é o meio mais eficaz de contar histórias. Como artista plástico, sempre defendeu um cinema fundamentalmente da imagem, voltado às novas tecnologias. Isso o levou a flertar com o Japão, por dois motivos: lá se pratica a mais avançada tecnologia da definição da imagem e também porque, para ele, a grande pintura dos séculos 19 e 20 tem origem no caligrafismo japonês, no qual o ideograma é, ao mesmo tempo, imagem e signo. Partindo desse princípio, Greenaway muitas vezes disse que o futuro do cinema dependia da sua capacidade de romper com as quatro tiranias: do texto, do enquadre, do ator e, paradoxalmente, da câmera. Não sendo um incoerente, ele usou seu conhecimento da pintura barroca, principalmente de Ticiano, para tentar forjar o que deveria ser o novo cinema.

Com o mago Federico Fellini, Greenaway aprendeu a criar ilusão no cinema manipulando o tempo por meio da saturação da imagem. É a essência do seu barroquismo: quando cria aquelas imagens carregadas, das quais os atores participam muitas vezes despidos – como na pintura de Ticiano, que usava o nu para compor a paisagem –, Greenaway não quer tanto impressionar com seus excessos, mas criar uma nova linguagem. No começo, era interessante. O *Cozinheiro, o Ladrão, Sua Mulher e o Amante (The Cook, the Thief, His Wife and Her Lover)*, de 1989, e *A Última Tempestade (Prospero's Books)*, de 1991, principalmente o segundo, são fascinantes. O personagem de Shakespeare tinha a síntese do conhecimento universal nos livros que levou para sua ilha. Greenaway reproduziu essa verdadeira enciclopédia na ilha de edição. Seu filme não se preocupa em organizar a narrativa segundo parâmetros literários. Shakespeare está lá, mas não é facilmente identificável. O cinema de Greenaway exige outro tipo de olhar. Não tem um foco narrativo para organizar a trama e isso já o torna difícil para espectadores viciados na estética tradicional de Hollywood, com relatos à base de começo, meio e fim.

A Última Tempestade, de Peter Greenaway

Ele era um caso interessante, mas, à força de tanto querer convencer-nos de que o cinema havia morrido, Greenaway conseguiu matar o cinema dele, perdendo-se em excessos formais esterilizantes. Inicialmente, os filmes tinham alta taxa de informação e baixa redundância. Com o tempo, batendo sempre na mesma tecla, Greenaway conseguiu inverter a própria equação: um filme como *8 e Meia Mulheres (8 1/2 Women)*, de 1999, que deveria ser a variação feminista de *Oito e Meio*, de Federico Fellini, caracteriza-se pela alta redundância e pela baixa, à força de repetição, taxa de informação. Criado o impasse, Greenaway ainda não encontrou, em 2003, uma saída para a crise do seu cinema. O futuro da linguagem não passa mais por aí.

Também não passa por Quentin Tarantino, que parecia tão inovador em 1995, quando surgiu a primeira edição desse livro. Havia, naquela época, um caso Tarantino. Um crítico entusiasmado, José Onofre, chegou a lembrar que nem Steven Spielberg nem Francis Ford Coppola haviam arrancado com tanta força em suas carreiras. Garoto pobre, criado num bairro de negros e hispânicos de Los Angeles, Tarantino sonhava com o universo do cinema. Conseguiu empregos precários (numa locadora, por exemplo), antes de virar roteirista, escrevendo roteiros para Tony Scott (*Amor à Queima Roupa/True Romance*, de 1993) e Oliver Stone (*Assassinos por Natureza/Natural Born Killers*, de 1994). Quando esses dois filmes foram lançados ele já havia estreado como diretor-roteirista de *Cães de Aluguel (Reservoir Dogs)*, em 1992. Algo de forte estava se passando em Hollywood.

Do nada surgia aquele novo cineasta para reinventar o cinema de gângsteres por meio de uma direção de cena poderosa e diálogos afiados. Logo veio *Tempo de Violência (Pulp Fiction)*, em 1994. O filme ganhou o Oscar de roteiro, a

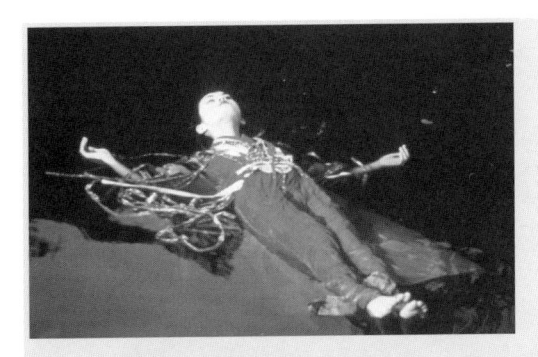

8 e Meia Mulheres, de Peter Greenaway

Palma de Ouro no Festival de Cannes e ainda ressuscitou a carreira de John Travolta, que retomou a aura de astro e nunca mais parou de filmar. *Pulp Fiction*: o título não enganava. Tarantino baseou-se nas revistas policiais baratas. Foi de lá que retirou uma série de clichês que se haviam tornado familiares para o público leitor e também cinematográfico de todo o mundo. Só há duas maneiras de tratar o clichê no cinema, escreveu um crítico: ironizando-o ou filmando-o melhor do que qualquer outro. Tarantino parecia ironizar, mas na verdade o que exibia era competência. Seu cinema refletia uma tendência que já se havia manifestado nos anos 1970, na grande fase de Robert Altman e Sidney Pollack: a persistência de obras e autores das primeiras décadas do século passado não era exatamente novidade.

A novidade estava no estilo: na força dos diálogos, da história, na estrutura circular, no perfil de seus personagens. *Tempo de Violência* virou *cult* imediatamente. Surgiram livros para tentar decifrar o caso Tarantino. Em *Quentin Tarantino: Shooting from he Hip*, o escritor inglês Wensley Clarkson debruçou-se sobre um episódio do passado do diretor. Aos 27 anos, ele era um adolescente tardio, que não sabia direito o que fazer da vida e, se sabia – queria fazer filmes –, não sabia como concretizar o objetivo. Tarantino foi preso quando tinha essa idade. Passou uma temporada na cadeia, por não pagar multas de estacionamento. Foi o momento de decisão em sua vida: ele tinha agora a experiência para falar de marginais, não ficaria atado só à visão mítica dos livros. Tarantino ainda revelaria sinais de talento em *Jackie Brown*, que adaptou de um de seus autores preferidos, Elmore Leonard, com a musa dos *blaxploitation movies* dos anos 1970, Pam Grier, no papel da aeromoça que se envolve com o crime. Pam é uma heroína mais humana do que os assassinos insanos de *Cães de Aluguel* e *Tempo de Violência,* e a ironia do filme também é mais sutil. O humor está nos personagens de Pam e Robert Forster, outro egresso do limbo dos anos 1970, com muitas passagens pela TV. Em *Tempo de Violência*, o humor está todo nos diálogos, muito bem escritos ou escritos adequadamente, porque Tarantino, que fez parcos estudos, sabia como usar o verbo para expressar a boçalidade. Mas quando Jackie Brown surgiu, em 1997, Tarantino já se havia envolvido com o cineasta tex-mex Robert Rodriguez. Descobriram afinidades, começaram a desenvolver projetos juntos. Foi o fim de Tarantino, pois Rodriguez o comprometeu em filminhos de esquetes e fantasias de terror de última categoria. A questão é saber se, em 2003, o caso Tarantino está mesmo encerrado ou se ele ainda tem volta.

A questão volta, então, ao começo. Quando André Bazin fazia a defesa da profundidade de campo é porque via nela um signo importante, não o único, de uma corrida rumo à objetividade que estava na essência de sua concepção de cinema. Ele não viveu para ver todas as revoluções que se seguiram. Teria tido, quem sabe, uma compreensão mais generosa das mudanças do que muitos de seus epígonos, que permaneceram atados às concepções do mestre e as erigiram em verdades absolutas. Mais de uma vez Bazin foi tolerante com o que, segundo sua teoria, eram impurezas a ameaçar um hipotético cinema puro. Cannes, em 2002, foi a vitrine de um cinema que usa o plano-seqüência com esse mesmo objetivo – devolver o cinema ao real, ou o real ao cinema, que seja –, e Abbas Kiarostami ainda vai mais longe. Por meio da tecnologia digital, ele acha que será possível apagar-se como diretor. Kiarostami sonha com o filme sem *mise-en-scène*.

Peter Greenaway, no começo dos anos 1990, sonhava com o cinema sem câmera. Ele usou sua instalação Stairs, em Genebra, como manifesto: cem pequenas escadarias distribuídas por pontos turísticos da cidade levavam a uma espécie de janela, da qual o público podia visualizar o mundo, escolhendo o próprio enquadramento. No fundo, o que Greenaway fazia, a céu aberto, era retomar o princípio da *camara oscura*, mecanismo já referido no começo do livro, identificado por muitos historiadores como uma das fontes do (pré)cinema. Quem chegou perto dessa idéia, o filme sem autor, foi o coreano Park Jin-pyo. Em seu filme *Too Young to Die*, que também integrou a seleção de Cannes em 2002, um casal de velhos tem uma cena de sexo, mas o diretor não quis constranger seus atores. Encerrou-os num quarto, instalou duas câmeras de vídeo e, delimitado o espaço, deixou-os livres para fazer o que quisessem. Não monitorou, como Kiarostami faz, a cena de longe. Fez, mais tarde, a mesma descoberta do espectador quando vê o filme. A diferença é que foi o primeiro espectador do próprio filme.

Os avanços das novas tecnologias têm sido incorporados à indústria de Hollywood. *A Bela e a Fera* dançaram no computador da Disney, no começo dos anos 1990, e a animação nunca mais foi a mesma, depois que aquele filme abriu um campo inesgotável na solução dos problemas criados pela perspectiva nos desenhos animados. Quase dez anos mais tarde, George Lucas, que sempre recorreu à tecnologia de ponta – abrindo caminhos com sua empresa Industrial Light and Magic –, usou o digital para desenvolver alguns personagens de *Star Wars Episódio 1: A Ameaça Fantasma (Star Wars Episode I: The Phantom Menace)*, de 1999, mas eram figuras de fantasia. A verdadeira revolução do digital foi realizada por Peter Jackson, no monumental segundo filme da sua série baseada na trilogia de J. R. R. Tolkien, *O Senhor dos Anéis (Lord of the Rings)*. É centrada no Gollum, o verdadeiro protagonista de *As Duas Torres (The Two Towers)*.

Dilacerado internamente, o Gollum é a síntese das contradições que nascem da permanente necessidade de escolhas morais, que está na origem da saga erudita de Tolkien. Ele não existe enquanto ser vivo. Nenhum personagem existe, a rigor, mas o Gollum não tem um ator para dar-lhe sustentação física diante da câmera. Foi criado à base de efeitos digitais, desenvolvidos a partir de sensores que captavam os movimentos de um ator. Em cena, o Gollum transmite emoção, intensidade de sentimentos. Incita à compaixão, como Van Gogh disse que a verdadeira arte deveria fazer. Ao contrário de outras criaturas produzidas digitalmente, o Gollum possui expressividade cênica. Interpreta o papel e isso é inédito.

Mais de cem anos depois de sua invenção, ninguém mais duvida que o cinema seja uma arte. Com autores como Robert Bresson, Yasujiro Ozu, Abbas Kiarostami, Krszystof Kieslowski, virou uma linguagem que ultrapassa os limites do visível para expressar o invisível na tela. Essa é uma via e talvez seja até a mais nobre do cinema, mas não é a única. Não se pode esquecer que, nas suas origens, ele nasceu e se popularizou nas feiras ou em salas que cobravam um níquel, apenas, tornando-se por isso um veículo de comunicação de massas. Arte centenária, o cinema está de volta à dicotomia inicial, quando havia a polaridade entre os irmãos Lumière e Georges Méliès. Um pé na realidade e outro na fantasia. A história se repete, com os casos limite de Abbas Kiarostami e Baz Luhrmann.

A questão continua a mesma: o que é o cinema? É um instrumento de investigação da realidade, de construção do humanismo, que pode se manifestar por meio do extremo artifício. Por mais realistas que pareçam certos filmes, o que aparece na tela não é a realidade concreta, mas outra realidade. O cinema, Wim Wenders percebeu-o ao registrar o processo da doença de Nicholas Ray, que estava morrendo de câncer em *Nick's Movie*, de 1980, é um veículo de vida e de morte. De vida, porque permite às pessoas e objetos continuarem vivendo como imagem, muito tempo após o seu desaparecimento. De morte, porque nessa imagem tornada perene está a própria negação da existência. Não temos Marilyn, James Dean, Humphrey Bogart, todos esses mitos. Temos só a imagem deles. Federico Fellini criava cenas impossíveis, mobilizava multidões de técnicos e figurantes para filmar a passagem de um transatlântico de mentira por um mar de celofane em *Amarcord*, sua obra-prima de 1973. E tudo isso para uma cena que, além de ser uma ilusão, dura menos de um minuto na tela. Verdades e mentiras. Baz Luhrmann também celebra o artifício em *Moulin Rouge*, mas ao tentar lembrar-se do filme você reterá muito possivelmente as lágrimas de Ewan McGregor ou as da sublime Nicole Kidman, quando ela, como Satine, sabe que tem de mentir para salvar o amado. São lágrimas sinceras. Parecem sinceras e é o que importa, no escurinho do cinema. Certo estava Eisenstein: o cinema ainda é uma arte criança. Um mundo imenso e complexo abre-se diante dele. Que nos traga filmes tão belos como aos que assistimos até aqui.

METRÓPOLE
Indústria Gráfica Ltda.
Fone/Fax: (51) 3318-6355
e-mail: mig@mig.com.br
www.mig.com.br